그분은
예술가이십니다

권성묵 시집

문학공원 시선 180

그분은 예술가이십니다

권성묵 시집

문학공원

시집을 펴내며

1980년대 수년간 월간《詩文學》지를 구독하면서 마음속으로 다짐한 바가 있었습니다. 앞으로 내가 시를 쓴다면 이런 시를 쓰지 않겠다고. 한글로 된 시인데 아무리 읽고 읽어도 뜻을 알 수가 없고 이해를 할 수 없는 어려운 시들이었습니다. 난해한 철학서적도 아닌데 나에게는 너무 어려웠던 시들이었습니다.

서점에 가서 시집을 살펴보았습니다. 거기서도 시는 마찬가지로 저에게는 고문과 같이 고통스러운 일이었습니다. 저는 아무리 생각을 해도 문학사조가 어떻고 시 흐름이 어떻다고 할지라도 이건 너무한 것으로 보였습니다. 왜 우리나라 시인들이 시를 쓸 때에 읽고 감상하고 좋아해야 할 독자들에게 이런 가혹한 시련을 줘야할까 도무지 이해가 되질 않았습니다.

젊었을 때 가졌던 그런 생각은 아직도 변함이 없습니다. 왜냐하면 현대시는 아직도 그렇게 난해한 수준의 아집의 울타리를 벗어나지 못한 채 여전히 독자들에게 고문을 가하고 있는 걸로 보여 지기 때문입니다.

한글을 이용해서 쓴 시라면 한글을 해독할 수 있는 사람은 누구라도 시를 읽고 이해하고 감상할 수 있고 마음껏 좋아할 수 있도록 해야 되겠다는 간절한 열망이 제 마음 속에 끓어오르고 있습니다. 졸작 제1집도 그랬습니다만 생각보다 그 기회가 빨리 돌아오긴 했습니다만 제2집에서도 독자들을 고문하지 아니하고 좋아할 수 있는 시를 쓰고자 노력했습니다. 그리하여 난해한 현대시 때문에 시를 등지고 시를 떠나갔던 사람들이 조금씩조금씩 돌아오기를 기대해 봅니다.

독자가 반기지도 않고 찾지 아니한다면 시(詩)는 시인의 독백에 불과한 문학이 되고 끝내는 스스로 끝장내는 무덤 속으로 들어가고 말게 될 것입니다

물론 다양한 수사법을 활용해서 풍성한 내용의 시를 창작해야 합니다. 심오한 비유법을 통해 맛도 살려야 하고 상징과 이미지 구사의 묘미도 있어야 합니다. 알레고리, 아이러니, 역설도 구사해야 합니다. 낯설기도 하고 에둘러 표현도 해야 합니다. 시 창작에 다양한 기법을 제한 없이 활용할 수 있어야 합니다. 그러나 독자들을 고문시키지 않는 범위 안에서 말입니다.

등단한 지 일천한 사람이 너무 일방적인 주장으로 톤을 높였다고 생각할 수도 있습니다만 적어도 저는 아직 순수한 안목이 있고 적어도 40년이 넘는 숙성기간을 가진 생각입니다.

끝으로 심혈을 기울여 구슬 같은 평설을 써 주신 김순진 교수님께 감사드리고 시집이 나오기까지 정성을 다 해주신 문학공원 담당자 여러분에게도 감사드립니다. 이번에도 인내와 기도로 도와준 아내에게 고마운 마음을 전합니다.

2020년 늦여름

권 성 묵

[축시]

그 영광스런 첫 독수리의 눈빛과 날개로

- 권성묵 목사의 원로목사 추대를 축하드리며

김 옥 엽(시인, 문학평론가, 한국여자신학교 교수)

동방의 섬광이 뻗어오는 나라
1949년 5월 어느 날, 그 하루 무덥던 날
경북 의성군 단밀면 위증교회 안뜰에서
그리스도의 불빛 사방에 비출
다섯 별들이 차례로 떠올랐습니다

전쟁의 혼란으로 동강난 조국에서 태어난
인내의 어머니, 근엄한 아버지의 첫째 아들은
까까머리 중학교 2학년 때
마늘밭에 선 종탑에 올라가
꼬막손 호호 불며
의성의 새벽을 깨웠습니다
초정, 재종, 댕그렁댕그렁
경건을 울리고 심령을 일으켰습니다

- 내가 붙드는 나의 종, 내 마음에 기뻐하는 자
곧 내가 택한 사람을 보라
내가 나의 영을 그에게 주었은즉 그가 이방에 정의를 베풀리라 -

목사님,
그리스도의 정의를 본받으란
권의주 목사의 불같은 가르침에
일생의 정직과 정도를 배우고
코흘리개 동생들을 업고 돌보면서
훗날 교회의 앞마당을 따뜻이 덮는
사랑과 배려를 배우셨다지요
한국여성 신학의 뿌리가 되는
확고한 진리, 엄숙한 사명을 새겼다지요

성역 49년
그 어느 빗속이나 눈보라에도
새벽마다 꿇어 하나님과 씨름하는
훈련의 자산을 받으셨다지요
군 복음화란 방사포에
십자가를 장전하는 힘을 키우셨다지요

- 그는 쇠하지 아니하며 낙담하지 아니하고
세상의 정의를 세우기에 이르리니
섬들이 그 교훈을 앙망하리라. -

주여
만세전에 이미 이 순전한 종을
이 땅을 치유하는 복음의 나팔로 쓰시려고
기도의 무릎, 말씀의 지팡이를 들려주신 주여!

그렇게 주신 은혜도 모자라서

이 희년의 아침에 하늘의 영성으로
인간의 삶과 꿈을 캐는
언어의 연필을 주셨다지요

손길이 모자라 가슴이 모자라
평생 성도의 눈물 안고 쓰러지는
기도의 혼 불
김정희란 여인을 주셨다지요

하나님,
이제 커다랗고 따뜻한 손길로
섬세하고 우렁차던 그의 강단으로
청암의 언덕은
생명으로 푸르고 구원으로 여물었사오니
젊고 뜨거운 종에게 맡기고 떠나는 이 제단을 축복하소서

그리해서 숨 가쁘게 올라온 믿음의 27년
어려움도 기쁜 일도 함께하며
정주고 사랑 주던 '우리교회 마리아들'과
눈물 없이 바라보게 하소서

지금 목사님의 큰 덕을 사모하는
한국교회의 종들이
마음 깊은 꽃다발을 들고
이 자리에 모였습니다

청암의 새 종탑을 하늘 높이 세울 때에도
또 질투와 오해와 사단이 방해할 때에도
침묵보다 성묵(聖默)하시던
권세의 사자 권성묵이시여!

이제 남은 생애 후진들에게는
파아란 나무 커다란 그늘이 되시고
한국교회의 대들보가 된
눈빛 죽이는 검독수리 오형제
그 영광스런 첫 독수리의 날개로
이 민족의 파수가 되십시오

목사님, 오늘이 시작입니다
하나님이 주신 한국문학의 지성들과 함께
다윗보다 더 순결한 시의 노래가 되십시오
하나님이 주신 월드비젼 손자들에게
멋진 글 읽어주는 예쁜 할배가 되십시오
남은 일, 새로운 사역
더 크게 더 훌륭히 감당하십시오

믿습니다. 그리고 도와드릴 것입니다
청암이, 한국교회가, 한국여자신학교가
건강하게, 아름답게, 의미 있게 가실 것을
건강하게, 아름답게, 의미 있게 가시는 길을…

아멘, 할렐루야

C O N T E N T S

2부 숲속 키 작은 나무

CONTENTS

3부 빛을 발산하는 별

4부 주권(主權)

1부

핀 꽃

백일홍(百日紅)

순결한 너의 자태 보지 못하고 화무십일홍(花無十日紅)이란 말을 썼으니 이젠 화유백일홍(花有百日紅)으로 이름을 바로 잡아보세. 너의 이름은 처음부터 특이해 하룻밤 자고나면 너의 생명의 날은 데크레센도(decrescendo)로 점점 엷어지면 질수록 너의 자태의 아름다움은 크레센도(crescendo)로 점점 더 강하여져가니 그 아름다움의 영상(映像)과 풍기는 너의 향기(香氣)는 잊을 수 없구나

백일홍 구십구일홍 구십팔일홍 구십칠일홍 구십육일홍 구십오일홍 구십사일홍 구십삼일홍 구십이일홍 주십일일홍 구십일홍 팔십구일홍 팔십팔일홍 팔십칠일홍 팔십육일홍 팔십오일홍 팔십사일홍 팔십삼일홍 팔십이일홍 팔십일일홍 팔십일홍 칠십구일홍 칠십팔일홍 칠십칠일홍 칠십육일홍 칠십오일홍 칠십사일홍 칠십삼일홍 칠십이일홍 칩십일일홍 칠십일홍 육십구일홍 육십팔일홍 육십칠일홍 육십육일홍 육십오일홍 육십사일홍 육십삼일홍 육십이일홍 육십일일홍 육십일홍 오십구일홍 오십팔일홍 오십칠일홍 오십육일홍 오십오일홍 오십사일홍 오십삼일홍 오십이일홍 오십일일홍 오십일홍 사십구일홍 사십팔일홍 사십칠일홍 사십육일홍 사십오일홍 사십사일홍 사십삼일홍 사십이일홍 사십일일홍 사십일홍 삼십구일홍 삼십팔일홍 삼십칠일홍 삼십육일홍 삼십오일

홍 삼십사일홍 삼십삼일홍 삼십이일홍 삼십일일홍 삼십일홍 이십구일홍 이십팔일홍 이십칠일홍 이십육일홍 이십오일홍 이십사일홍 이십삼일홍 이십이일홍 이십일일홍 이십일홍 십구일홍 십팔일홍 십칠일홍 십육일홍 십오일홍 십사일홍 십삼일홍 십이일홍 십일일홍 십일홍 구일홍 팔일홍 칠일홍 육일홍 오일홍 사일홍 삼일홍 이일홍 일일홍

그렇지!
우리도
한번
백일홍의 백(魄)을 받아서
백년의 수를 누려보세

스페어가 없어요

신종 코로나 뉴스를 보던 아내
갑자기 붉게 상기된 얼굴로
책장에서 체온계 찾아오라고

몇 년 동안 쓰지 않던 걸
허겁지겁 부랴부랴
혈압계 또 혈압계 뿐
이윽고 체온계 찾았지만
작동불가

문 닫을 시간 약국을 찾았으나
체온계는 이미 품절
액셀러레이터 올려 문방구 찾아
수은 건전지 2032를 사 달려와서
체온을 재고 또 쟀다

아내도 정상 남편도 정상
가슴 졸이게 놀랐던 남편

몰아치던 돌개바람 지난 뒤
점잖게 한 마디
"남편은 스페어가 없어요."

고향이 어디 갔어

타의 반 시작된 타향살이 돌고 돌아
무정세월 수십 년, 그리워라 고향 산천

허겁지겁 꿈에도 찾아가는 고향 땅 고향 하늘
볏단 사이 숨바꼭질 하던 친구들
모래 밭 샅바 메고 씨름하던 친구들

마을 앞 논에서 겨울 썰매 타고
채 만들어 매미 잠자리 잡고
강여울에 피라미 잡고 조개 줍고
눈 덮인 산에 올라 토끼몰이하고

이젠 볏단조차 숨을 곳 없는
빈 들판인데도
그 옛날 술래는 어디 숨었을까

거친 세월의 마루에 올라
척박한 삶의 밭고랑 어귀
일그러진 가장들 본선 뛰느라고
결승선도 없는 경주장을 달리네

딸네 집에 가던 날

딸네 집 갓 난 손자 보러가는 날
한편 기쁘기도 기대도 하지만
한편 힘들고 부담스럽기도 하다
주부의 아침 시간은 야속하게도
과속으로 돌아가는 시계 때문에
서두르고 서둘러도 늘 모자란다

오늘은 막힘없이 달리는 날
늘 정체로 면목 없어
미안하게 여기던 강변북로
떳떳하게 도로구실 했다고
보란 듯이 으스댄다

곧 나타날 봄처녀 기다리던
가로수들도 눈 비비고 일어나
연두색 손수건을 들고
창문 밖으로 흔들어주고 있다

염려스런 블랙 아이스 다 치워준 아침 태양
높이서 구름 장벽도 치우고
바닷길처럼 열어주니
여기가 아우토반 고속도로인가

보리

늦가을에 서둘러 심겨져
주먹만한 흙덩어리 밑에
주검으로 누워있었다

엄동설한 찬바람
질긴 생명력은
시린 맨발로 뿌리 내리고

담장 없는 겨울 벌판
추위 이긴다고
얼마나 떨었을까
파란 입술

봄 온다고 들뜬 기대
밟기에 밟혀 두 번 죽네

그리하여
밥상 오른 주인 꽁보리

꽁보리밥 풋고추 먹은 자식들
엄동 겨울보다도 강인하네

진달래꽃1)

부끄러워
바위 틈 기슭에 숨어
연분홍으로 물들이던 봄처녀

외롭지만 고고하게
도심 빌딩 양지 바른 곳
여기서 너를 만날 줄을 누가 알았으랴

채비 서둘러 봄소식
이고 달려오느라고
녹색 이파리 옷은 다 벗어놓고
반라(半裸)의 부끄럼도
모르고 달려왔구나

봄 사랑은 흔해 빠진 거라지만
사랑의 기쁨으로 꾸민 봄의 사신(使臣)
어느 사이 얼어붙었던 겨울 마음
다 녹여주는구나

---

1) 진달래 꽃 말 : 사랑의 기쁨

민들레

오늘 아침 뜻밖에
강변북로에서 만났다
그리운 고향을

정든 산천은 그대로 있겠지만
진노랑 고향 얼굴이
나그네 길가에 와 있었다

어린 시절 밤낮 함께 놀던
키 작지만 당찬 친구

만날 때마다
언제나 길 열어놓고
길옆에 앉아서 맞아주었지

집 앞에 있던 보고 싶은 고향은
누가 지키고 있을까

시작(詩作)

아침 저녁 공기 마시듯
시상이 늘 떠오르는 건
분명 아닌데

그럼에도 불구하고
원석 채광(採鑛) 기대하며
명작의 바다를 탐사한다

진주 찾던 밝은 눈 보석상
어느 시골 장터인지
푸짐한 허기짐을 채우듯

진주 한 점이라도
원석 한 조각이라도

시감(詩感)의 배낭에 채워주니
새 힘 얻네

지친 생각의 발걸음

탄천 벚꽃

봄을 부르는 행렬이 둑에 모였다

연분홍 대열이 큰 규모로
탄천 둑에 정렬했다
그 얼굴빛이
날로 사기충천함을 보여준다
어디에도 그런 당당한 모습을 볼 수 없었다
숯내교를 출발지로 해서
한강까지 나아갈 기세다

먼저 출발한 노란 행렬은
차선을 만들어주고
간간히 분홍 그룹은
둑을 꾸미는 백미(白眉)로
상춘객을 모으는 동원단장

빈터 없이 이름 모를 풀들이 다 자리잡고
점점 녹색 세상으로 생명 그룹 약진하는데
멀지 않는 자리에
머리를 내밀고 있는 건
초여름 아닌가

핀 꽃 · 1

예전부터 지켜보았습니다

정원에 서 있는 저 나무는
그리운 고향이 대지(大地)인가
혹독한 엄동(嚴冬) 추위 때도 꿈쩍도 않고
대지를 떠나지 않았어요

이젠 그 몸의 발을 이불처럼 대지에 묻어놓고
해동의 때가 오길 기다리더니

겨울 녹아 목마른 가지에 물오르고
단단한 가지 활기차게
먼저 봄꽃들을 선보입니다

꽃은 나무의 얼굴이 아니라
꽃은 대지의 대변인인가요

꽃은 대지의 아름다움
꽃은 대지의 풍성함
꽃은 대지의 따뜻함 보여주고 있는
대지의 주인 사신(使臣)이었구나

핀 꽃 · 2

대지(大地)는 지구와 한 덩어리
벚꽃나무 뻗은 가지들
봄을 옮겨 나르는 기관(器管)
화사한 벚꽃 인자(因子)를
거대한 대지에서 뽑아올렸구나

꽃이 피는 시기
꽃이 지는 시기
꽃의 아름다움
꽃의 모양
꽃의 색깔
꽃의 농도
누가 결정했을까

높은 벚꽃나무에 꽃이 피니
파란 하늘이 낮아지고
벚꽃이 흐드러지게 피니
넓디 넓은 대지가 좁아졌구나
벚꽃을 만드시는 그분은
대지(大地)의 연출가
소리 없이 계시(啓示)하고 계시는 군요

시상(詩想)

그래도 시(詩)를 쓴다

행선지도 없이
정처도 없이
길을 나선다

추억을 친구로
기억을 말동무로
삼아서 동행한다

아름답고 즐거운 시간
달콤한 사건은

머무르지 아니하고
시간의 모래밭에
잦아들고 말겠지만

추억의 향기
기억의 발자국

맛조개 올라오듯이
잇따라 올라오고 있다

철든 벚꽃

멀찌감치 숯내교 탄천 둑에 펼쳐져
오가는 이들의 시선을
사로잡던 봄의 향연
서민들의 풍성한 볼거리
서민들을 향한 선물이었다

울긋불긋 색동옷
응석부리던 철부지 시절도
연분홍 눈부신 소녀시절
아리따움도 지나가고
수놓았던 꽃장식도
꿈에서 깬 듯 다 내려졌다

나무마다 현실맞이 옷으로 갈아입느라
검정색 골격에 작업용 녹색옷
푸르게 푸르게 갖추었구나

일과(日課) 시작 다투듯 달리는
차량 물결 멈추지 아니하고
스치듯 파도 되어 흘러가고
어느 사이 진분홍 연산홍이 연신 미소로
물결을 이루고 있구나

민들레의 꿈

노랑 저고리 새댁들
연도를 빛나게 하더니

어느 날 흰 모자 둥그렇게
하늘하늘 머리 위에 올렸네

이세들을 위한 과감한 결단
더 좋은 곳에서 태어나라고
대머리 무릎 쓰고
여행하기로 결행했네

빠른 세월 오가는데
봄이 떠나면서 남긴 선물
머리마다 홑씨로 관 씌우니

건들바람 유혹에도
바람 난 홑씨들
날개 달고 창공 날아
꿈 타고 길 떠났네

꽃의 생각

온 세상 화사하게 밝히던 봄꽃
시선을 한몸에 다 받았다

고운 생각이 나른다
예쁜 생각이 나른다
아름다운 생각이 나른다
향기로운 생각이 나른다
화사한 생각이 나른다

일장춘몽
꽃다운 시절 고속으로 지나가고
고운 얼굴 몸체는 다 스러졌지만
꽃가루는 한 많은 영혼으로
날개 달고 푸른 창공 날은다
대지에 뿌리 매이지 아니하고

낮게도 높게도 무법으로
시야를 가로 막는다
호흡 길도 가로 막는다

그러나 연산홍은 영혼이 없는 모양
한 점의 꽃가루도 만들지 않는다

나문재

그동안도 다 맡아왔습니다
나문재에서 풍겨오는
매혹적인 커피향

그동안도 다 들어왔습니다
정원에 펼쳐놓은 기묘한 조각상

그동안도 다 보아왔습니다
온갖 자태를 뽐내는 봄 화초들

하루 두 번 썰물로 벗겨내니
바다가 고향인지
육지가 고향인지

한 발 차이로 바다가 되고
한 발 차이로 육지가 되고
뻘도 모래밭도 바위산도
다 드러났습니다

쪽빛 물로 가꾼 바다가 아름다운지
영롱한 이슬방울로 빚어낸
정원이 아름다운지 표현할 길 없습니다

썰물

그토록 기다리던 친구
햇살 앞에서
바다는 옷을 벗어버리고
맨 살을 드러냈습니다

숨어있던 뻘도 드러나고
금빛 비출 모래밭도
말없이 누워있던 바위도

입고 있던 물무늬 파란 옷
썰물로 다 벗어던졌습니다

홍합 짱뚱어 맛조개 돌미역 등
미처 피신하지 못한 이재민들

속살 드러낸 바람난 바다
화려한 나문재 구경하느라
치마끈 내려가는 줄도 모르고
하루해가 저뭅니다

썰물이 베일 한 자락 거두어간 뒤에

질경이

다듬은 정원이 아니라 길가 빈터
힘 모아 살자고 군락을 이루었네

학명(學名) 플란타고(plantago)는
밟힘이라는 뜻이라고
세상에 그렇게 편향된 이름도 다 있나니

소달구지 지나간 길가가
최고의 서식 환경 조건이라고 하듯이
밟힘이 일상인 듯 애처롭게 견디네

우겨쌈을 당하고
답답한 일을 당하고
박해를 당하고
거꾸러뜨림을 당한
그리스도인들과 뭐가 다를까

장마 때가 웨딩시즌이 된 것은
사람의 발이 뜸한

틈새 계절이어서
꽃 피우고 열매 맺는단다

>

그런 인고(忍苦)의 질경이를
무심코 밟았다
오늘 차에서 내리는 주차장에서

호박순 놓기

호박 순(筍)은 호박의 방향이고
호박 순(筍)은 호박의 꿈이고

순을 따라 담장에 올라가고
순을 따라 지붕에 올라가고
순을 따라 밭으로 펼쳐가고
순을 따라 밭두렁으로 나아가고
순을 따라 나무 위로 올라간다

호박순은 호박의 성장점(成長點)
호박덩굴은 순을 놓아주면 뻗어간다
호박덩굴은 순을 열어주면 자라난다

덩굴손은 때에 맞춰서 놓아주어야 하고
덩굴손이 잘려지면 방향도 성장도 없다

알고 보니
자녀교육도 호박순(筍) 놓기인 듯

강변북로 담쟁이덩굴

앳된 봄꽃들이 날 보란 듯
온 누리를 정원으로
허벌나게 장식하고 있을 때
치웠어야 할 겨울 무더기

미관 격(格) 떨어뜨리는 낙엽더미
왜 저렇게
도로변을 감고 있을까
지나갈 때마다
성급하게 생각했으나

어느 사이
오만한 봄꽃들이 떠난 뒤
느긋한 마음으로 다시 보니

그 자리에는
미처 깨닫지 못한
싱그렇게
변신한 초록다발 향연(饗宴)
꽃보다
더 아름다운 담쟁이덩굴로

숲속 땅꼬마

꽃이 아니어서 시선을 받지 못합니다
약초가 아니어서 가치가 없습니다

키가 작아서 햇빛을 받지 못하고
키가 작아서 늘 그늘에 있습니다
키가 작아서 재목으로 사용하지 않고
깨금발을 해도 멀리 볼 수 없습니다

그러나
나는 벌레들과 사이좋게 살아갑니다
나는 졸졸졸 시냇물 곁에서 친합니다
나는 아름다운 화초들과 이웃합니다
나는 쫓기는 토끼를 숨어줄 수 있습니다
나는 메마른 땅에 습도를 유지하게 합니다
나는 하늘보다 땅이 가깝습니다

알고 보니
그분이 나를 만드셨습니다.
그분이 나를 먹이고 입혀주십니다

성장의 계절 오월이 돌아오길
손꼽아 기다렸습니다

오월이 오면 성장판을 활짝 열고
단거리 달리기 하듯 성장할 거야

달리고 또 달렸으나 키 큰 친구들
먼저 앞서 달리기하고 나섰습니다

동반 성장 여전히 키재기는 꼴등
한 자 자라면 그도 한 자 자라기에
아무리 자라나도 순위는 그대로

이젠
자라나는 고민은 그분에게 맡기고
작은 고추가 맵다는 사실을 보여주자

시(詩)를 읽은 후

잔뜩
기대를 갖고 가까이 다가간다

감동 명시(名詩) 앞에서는
초라하게 주눅 들고
보통 쓴 시 앞에서는
역시 그 정도군
졸작시를 볼 땐 난
천부적 시인 같은 착각 들다니

아서라!
감동적인 명시 앞에서는
쥐구멍 찾듯 겸손한 탐구자 되고
보통시 앞에서는
늘 보는 원만한 시로구나

졸작 시 앞에서는
어쩌면 내 모습 같아서 위로 받으며
위로자의 심정으로
중보기도 지원하여라

그리하여 함께 가는 시인 반려자(伴侶者)되어라

2부

숲속 키 작은 나무

탁류야 흘러라 흘러가거라

흘러 흘러 쉼 없이 흘러가거라
며칠간 연속으로 퍼붓던 폭우가
탁류 되어 속 시원히 흘러가누나
소용돌이치며 흙탕물 강폭 채우니
윗동네는 깔끔하게 대청소 됐겠구나

욕심 많은 꿀꿀이 돼지
발버둥치며 떠내려오고
거짓되고 간사한 또아리 뱀
죽은 듯이 떠내려오고
고집 많던 혹부리 영감
후회막급 몰골로 떠내려오고
사과도 땅콩도 영글지도 않고
설익은 채
가지채로 뿌리까지
떠내려 오고 있다

골목마다 널부러졌던 쓰레기
오만의 강을 이루고

기만의 수채 구멍도 들킨 채

눈알 부라리며
떠내려 오고 있다

청년의 정욕도
중년의 교만도
노년의 불안도
상인의 근심도
시민의 분노도

남김없이 미련 없이 흘러가거라

그래서 이젠 청류(淸流)가 되거라
그래서 이젠 생수(生水)가 되거라

제 것으로

성공 고지 오르려는 사람은
왜 남의 글 읽어야 할까
출세하려는 사람은
왜 화려한 남의 옷 입으려 할까
발명하려는 연구원들은
왜 남의 머리가 필요할까
미증유(未曾有)의 길 걷는
탐험가들
왜 또 발자국 좇아갈까

처세술의 처녀림(處女林)
출발하려는 클라이머들
인산인해
서점 코너마다 점령하고
인터넷 자료창(資料倉)
다 차지했네

산 같은 눈 어느 계곡에
악어보다 큰 입 벌린 크레바스(crevasse)
이미 제물된 알파인 클라이머

바다보다 깊은 계곡에서 올라오는
소리 없는 아우성
제 신이 어디 있는가
제 옷은 어디 있는가
제 자일(seil)은 준비됐는가
그 헬멧이 제 머리냐

그리고 제 길 아니면 걷지 말라
마침내 제 발로 고지에 올라
제 목소리로
"야호"라고 힘껏 외쳐라

무인 자동차

늘 부족한 수면 시간
채울 수 있는 공간 없지만
핸들 잡으면 그때부터
침실인 줄 착각한다

잠 쫓을 스넥 열심히 먹어도
도착지는 아직 저 멀리
눈꺼풀이 천근만근
들어올리기가 쉽지 않다

이젠 손바닥 마주치기
직선 달리기 길에서
스무 번 서른 번 마흔 번
치고 친다
핸들에서 손을 떼고
묘기 부리듯

빠른 템포 손바닥 치기
번쩍 정신이 들고
피로도 다 도망간다

십 초 간 이십 초 간

무인자동차
잘도 달리고 달린다

차 창문 열어놓기
시원한 바람 마시면서
육신과 정신을 깨운다
여름날 오후의 식곤증(食困症)

중부고속도로 곤지암
도착할 시간
순간 눈을 떠 보니
경춘고속도로 가평 지나
쉼 없이 달리고 있다

아뿔사
그렇지
인생은 속도가 아니라
인생은 방향이라니깐

그 자유가 그립다

어머니 잔소리도 안 들었다
아버지 회초리도 맞지 않았다
교회와 동네에서 칭찬만 들었다
법 없이도 살 수 있는 사람이라고

언제부터인가 난 그물에 갇혔는가
자기(自己)라는 이름이 나를 가두었는가
끈끈이주걱 같은 식충 식물에
머리부터 발바닥까지 온통
파닥거리는 벌레처럼

새 날 일과(日課) 추진 활력제
동으로 뛰고 서로 뛰고
보이는 사람 만나고
보이지 않는 그분 만나고
그분이 일인칭 주격(主格)이시다

보이지 않는 지주망(蜘蛛網)
아집과 자애(自愛)로 뽑아낸 거미줄
천방지축(天方地軸)에 허둥대지 않고
오직 평화 위해 걸음 멈춰보자

김유정문학관 가는 길엔
안전 그물망인지 포획 그물망인지

곤두박질

되는 듯 하다가 다시 원점으로
돌아오는 줄도 모르고 돌아왔는가
한참 올라서는 줄 알고
딛고 서 보니 꼬라박고 내렸다

오르는 길 내리는 길도 모르고
시이소 타듯 올라가고 내려오고
오르는 길 누가 잡아채더냐
나아가던 길 누가 막아서더냐

무지와 게으름의 심술꾸러기
바쁘고 분주함의 훼방꾼들
시 감성 말리는 염려걱정꺼리

오르막길 후엔 내리막길
내리막길 후엔 오르막길
그게 인생길이라면
시 습작자의 길에도

숨 가쁘고 힘들게 오르지만
보람 있는 길이 있고
끝 모르게 떨어지는

낙심과 좌절의 수렁도 있나보다

그러나 낙심 말고 포기 말고
오늘도 쉬지 말고 걸어가리
오늘 걷지 않으면
내일은 뛰어야 할 터이니

이팝인가 이밥인가

짙게 화장했던 봄꽃들은
서둘러 다 나들이 나가고

이젠 창창한 녹음으로 바꿔 입고
위안과 쉼으로
방문객을 맞이한다
이팝나무

삼베 적삼 아낙네는
화려한 여인들 외출한 후에
밭일 논일 긴긴 해 친구삼아
태산 같은 보릿고개 넘느라고
개미 같은 허리띠 졸라매고

거친 손으로
이마 땀 훔치면서
허기진 배를 달래느라
남 볼세라
힐끔 힐끔 이팝나무 쳐다본다

가르마

아무도 보지 않는 곳
아무도 찾지 않는 곳

이팔제가 좋을까
팔이제가 좋을까

가마도 의식 않고
가르마가 지날 길
서로 묻기도 전에

버성긴 사이로
우울의 가닥 하나 덮어보고
우수의 가닥 하나 덮어봐도

확장된 신작로 공간
이미
소용 없는 사막지대

차라리
프로야구 패션 모자가 낫다

수필 체질인가

글을 통해서 숱한 생각 풍성한 정서
표현하고 묘사할 수 있어야 하는데

감추기 낯설게 하기 반전하기
쉬운 글도 꽈배기로 에둘러야 하다니

속 시원히 메시지를 전달하지 못하고
작위적으로 더 난감하게 만들다니

험난한 장벽 징검다리 놓고
위험한 방벽 지형지물 만들다니

시 작자의 애쓴 시상 의도와 달리
독자의 감상 깊이 방향이 다르다니

마디 글은 소통 유통 교통 상통
줄 글은
뚫어야 할 상수도를 닮았구나

귀를 열고 기다리는 애독자를 만나
쉬운 글 드러난 글 전달해야 하는데

아니야
읽으면 속 후련히 감지되는
희로애락 감정도 전달되는
우수한 글
한글로 수필을 쓰고 싶다

그럴 수도 있지

직각 보행 기백 찬 임관 장교
서슬 시퍼런 눈매 지닌 초임 검사
부임하던 날

산천(山川)의 병사들은 다 떨고
구치소 안 미결수도 다 떨 거다

그러나
불원간(不遠間)
각이 변하여 곡선이 되고
서슬도 닳고 닳아 무디어지려니

아서라
장교여
각 자랑하지 말고
아서라
검사여
서슬 자랑하지 마시오

시로도 담을 수 있다

또렷하게 귀로 다 듣고
분명하게 눈으로 다 보았다

얼토당토아니한 언사
눈에 맞지 않는 색안경의 편견으로
눈에 있는 들보를 못 보고
남의 티를 지적하는 갑질(甲抶)에
연륜의 배경이 든든하다

신앙 지식 연륜으로도
연마(硏磨)되지못하고
거칠고 거슬리는 혈기 찬 생(生) 성대로
남을 인정하지 못하고
아집의 발언으로 보인 추태는
존경과 은혜의 과거와는 거리가 멀었다

일출(日出)과 일몰(日沒)이
흡사한 것은 붉은 하늘색뿐
낙조(落照)를 일출로 착각하고
퇴역(退役)의 현실을
호령하고 군림하던 현역(現役)으로 착각한 것이
노망(老妄)이 아니길 바랄 뿐이다

도배하던 날

웅덩이 미꾸라지 잡듯
넘어지고 엎어지고
잡았다 놓치고
뒤집어쓴 흙탕물 같던
세월의 벽을

도배 기사 사정없이
카터 칼로 벽 그어놓고
중증환자 수술하듯
세월의 추함을
가차 없이 도려낸다

인자하고
부드럽게 보이지만
강단 있게
세월이 쌓아놓은
얼룩진 무늬를
단번에 지운다

이른 아침
나들이 나온 해

귀가할 때까지
지칠 줄 모르고
쓱싹쓱싹
기사도 기계도
잘도 자르고 부친다

집안 속속 구석구석
창조적 청결함으로
아름답게
가족을 위한 치장

내 속사람도
묵은 때 잘라내고
꾸며야지
깨끗하고 아름답게

재어보니

후텁지근하고 불편한 불면의 밤
몇 번인지 더 많이 뒤척인 밤
일어나 재어보니 무려 30도
새벽 네 시인데 낮 최고 37도
어찌하란 말인가

태양계 공전의 거리가
가장 근접한 계절이어서
가장 강한 열을
받을 수밖에 없단다

태양열보다 더 강한
사랑의 열기로 찾아오시는
주님 사랑의 온도(溫度)도
점점 더 오르면 좋겠다

걷잡을 수 없이 올라
최고치를 바꾸더라도
훨씬 더 뜨거운 사랑으로
냉랭한 온 세계를 녹여 주소서

이름 없는 시집

아무리 애써도
적절한
이름이 없다

그도 그럴 것이
처음 내는 시집인데
무슨 이름을 챙기니

무명의 시인이 쓴 시니까
이름이 없을 수밖에

아!
아쉽지만
참고 기다리자

해가지지 않는 나라

무릎이 좁다
허리도 좁다
눈도 좁다

접고 또 접는다
하늘에서 열두 시간을 접는다

접어야 날 수 있다
생각을 접고
활동을 접고
느낌도 접고
시선도 접는다

상상의 나래를 펴자

아시아가 있고
아프리카가 있고
아메리카가 있고
호주가 있다

해가 지지 않는 나라
대영 박물관

희봉지

지도책에 나오지 않지만
오르기엔 숨 가쁜 산

야야! 나무하러 가레이
설거지 마친 할무이의 불호령이다

키보다 더 큰 지게 끌고
지고 끌리듯이 가면

청정수 아침 햇살에 세수하고
날 오기를 기다린 듯
불거진 능성이는 드러내고
골짜기는 수줍은 듯
감춰놓고 맞이한다

우거지상 찡그린 얼굴은 어디가고
갈쿠리 꺼내들고지구를 밭간다
할무이의 명령처럼

묵은 땅 내 마음의 토양은
성령의 보습으로 갈아 심어야지

한 마디 말 때문에

말은 제주도로 사람은 서울로
한 마디는
외치던 연사의 감동보다
소리 없이 국민을 사로잡았다

수도권 인구 이천 만명
출산율은 낮아도
인구 집중밀도는 세계적

고향에는 빈집이 늘어나고
옛 고향 찾아도 친구는 떠났네

나라도 귀향해서
고향 산천 지키고 고향 살려내고
인구 집중 폐단 막아냈으면
생각 넘어 실천하면
얼마나 좋으랴

이런 뉴스라면

세상 돌아가는 소식 알려주니
갑갑하고 답답한 마음
빼엉 뚫린다
화악 풀린다

사건 사고 뉴스는
싸늘한 몸체를 드러내고
국민을 유식하게 만들지만

철학 없는
그 뉴스는
이윽고 국민을
분노와 절망감 들게 하고
미움과 좌절감 발생시킨다

이젠
차돌 뉴스 바탕 위에
희망과 격려 백신(vaccine) 올리고
사랑과 용서의 훈풍이 불게 하라

큰집 이 나라
아름답고 건강한 나라 될 거다

해제한 계절

성급하게 봄나들이 나온 꽃들
돌아가기도 전에
시샘 겨울이 되돌아오니

봄 치장한 춘광(春光)들
여기저기서 콜록 콜록

삼한사온 순번도 지키지 않고
엄동설한 정체성도 벗어버리고
계절 선심(善心) 베풀며 겨울 해제하니

계절 질병 기를 쓰고 살아나고
건강 위생 질서 무너져 내리고
한철 기다린 상인들 냉가슴 앓는다

따뜻한 겨울
너는 눈부신 계절 봄의 위선(僞善) 시녀더냐
추위 해제한 폭군의 계절이더냐

빈 하늘 찬 하늘

너무 넓어 울타리를 칠 수도 없고
너무 높아 이엉을 올릴 수도 없고

열린 하늘에는 부양가족도 없고
높은 하늘에는 풀어야 할 문제도 없네

네게 무슨 수심이 있겠으며
네게 무슨 우수가 있겠냐만
바다 하늘로 날려 버려라

언젠지 몰라도 푸른 하늘 바다에는
밤낮없이 자리 잡은 푸른 창공에는

얼키설키 얽힌 오욕의 첨단언어들
한 켜 한 켜 자리 잡은 필정의 사연들
오가는 가닥 전파 탁류같이 혼란하다

하지만 그 하늘에는
감정 필터로 언어 여과지로 걸러내니
올무 같은 음모의 이슬 내리지 않고
비수 같은 미움의 폭우 내리지 않네

인내의 신발

얼마나 오래인지 몰라
냄새나는 현관에서
주인 발만 바라보며 기다렸지

또 하루 내 인생을 짊어질
말없이 다투듯 기다리는 신발들의 나섬
무릎 꿇고 채비 갖춘 낙타같이

문득 어린 시절 추억한다
고무신만 신다가 끈을 묶는 운동화를 샀다
중학생이 되자마자

중국무술보다 더 높이
구름처럼 내 마음은 하늘을 날고 있었다

돌이켜보면
지금껏 불평 없이 끝없는 사막 가르던
내 인생을 실어 나르고 있다

담쟁이덩굴

뿌리 내린 영토 땅을 벗어나기엔
연체(軟體)동물같이 연약하지만

바위 같은 장애물로 선 담장
뻗은 덩굴손 거두지 아니하고
잡은 덩굴손 놓지 아니한다

스스로 바로 설 수 없는
척추 없는 식물이지만
땅 빼아 먹기 쉬임없이

야금야금 기어오르는 덩굴손
언제나 앞을 향하고
언제나 위를 향하고
밤낮 멈추지 아니하니

하늘같이 높다란 장애물
넘어야 할 시련고비이기에
마침내

덩굴손 푸르름으로 점령한다

숲속 키 작은 나무

하늘이 보이지 않아요

신록(新綠) 성장의 계절에
안간힘으로 발돋움하면서
나도 크기로 했어요

하늘을 보고 싶어서
하늘만 바라보면서
깨금발로 서서

빠른 걸음으로 달려
여기까지 왔어요
내가 봐도 놀랍게도
한 자나 더 컸어요

으쓱대며 둘러보니
나무마다 한 자는 다 더 컸어요

이젠 과욕 버리고
분수(分數)지키며
자족(自足)하며
작은 나무로 살기로 했습니다

3부

빛을 발산하는 별

빛을 발산하는 별

별이 빛을 발하려면
하늘에 있어야 한다

땅에 있는 지체는 죽이고
위의 것을 생각하고
위의 것을 찾으라

별이 빛을 발하려면
멀리 있어야 한다

가까이 하고자 땅에 온 것은
별이 아니라 별똥돌 원석(原石)

둥지 예루살렘 떠나서
이리 떼가 우글거리는 그곳
오만한 유대인 외면당한 사마리아
미지의 땅 끝까지 나아가거라

별이 빛을 발하려면
어두운 밤이어야 한다

낮별이 빛을 낼 수 없듯이

평안 안일무사한 곳 아니라
밤 영혼을 찾아야 한다

주린 자 목 마른 자 나그네
헐벗은 자 병든 자 갇힌 자
빛이 필요한 그들에게 비추어라

빛을 만들지 못하는 별들은
빛을 받아서 비추어 주거라

그분 향해 빛바라기 되어
햇빛 달빛 쓸 데 없는
그 빛으로 온 누리 비추어라

그분은 예술가이십니다

아주 오랜 옛날
혼돈 공허 흑암의 캔버스(canvas)에
대작을 그리시고 만드시고
채색하신 감각
신비의 붓을 잡고 신비의 끌로

멘토도 없이 화법(畵法)이 탁월하고
화방도 없이 없음을 재료로
화실(畵室)도 없이 작업을 하셨네요

무슨 칼로 빛과 어둠을 가르시고
무슨 도구로 뭍과 물을 가르시고

큰 광명으로 낮을
작은 광명으로 밤을
주관하게 하셨네

종류대로
열매 맺는 화초를 만드시고
종류대로 생물들을 만드시고
자신의 형상대로
예술가의 인자(因子)를 심어

사람을 만드시고 다 위임하신
그분은 창조주이십니다.

작품을 마칠 때마다
"보시기에 좋았더라"
스스로 극찬하시고 만족해하신 분

예술은 자연의 모방이라는
어느 철학자의 말처럼
자연은 예술의 원본
작업하신 그분은 예술가의 원조

아들인가 품군인가

버스럭 버스럭
부스러기들 둘러봐도
인기척 없다

사르륵 사르륵
쓸리는 소리
오가는 이 없다

와스삭 와스삭
검불소리 잽싸게 봐도
보이는 사람 없네

웽웽거리는
벌레소리 둘레둘레
한 마리도 없다

뚜드럭 뚜드럭
두드리는 소리 둘러보니
둘째 아들 인기척 아니네

다르르 다르르
구르며 나는 소리

살펴봐도 없다

소시락 소시락
풀잎 소리 둘러봐도
아무도 없다

자작자작 자작자작
문간너머 보이는 발자국소리
아버지의 아들 상거지로구나

믿음

믿음이란 나를 의심하는 것
믿음이란 나를 실망하는 것
믿음이란 나를 포기하는 것
믿음이란 보이지 않은 것을 봤다는 것
믿음이란 받지 않은 것을 받았다는 것
믿음이란 듣지 않은 것을 들었다는 것
믿음이란 내 존재를 부인하는 것
믿음이란 하나님만 할 수 있다는 것
믿음이란 하나님을 상석에 모시는 것
믿음이란 하나님께 청구서를 올리는 것
믿음이란 하나님께 책임을 전가시키는 것
믿음이란 하나님 팔에 기대는 것
믿음이란 내 모든 짐을 지우는 것
믿음이란 하나님만 사랑하는 것

주는 자의 호주머니

주는 자의 호주머니
겸손으로 차 있고
받는 자의 호주머니
교만으로 차 있네

주는 자의 호주머니
복으로 차 있고
받는 자의 호주머니
탐욕으로 차 있네

주는 자의 호주머니
내일로 차 있고
받는 자의 호주머니
어제로 차 있네

내 이름의 무게

내 이름 한문 획이 쉰 넉자
백(百) 천(千) 근 체감 무게
어린 시절 언제부터 내 어깨는
제트 비행기처럼 쳐져있었다

울 아버지 사무엘 같은 가장(家長)
단칸방 대가족 생계 짊어지고
초과 중량 장남 분(分)으로
태생적부터 이름에 담아놓았다

엘리 제사장의 실패 전철(前轍)
밟지 말라고
자정이면 시계추처럼
법궤(法櫃) 앞에 무릎을 꿇고
자신이 회개(悔改)할 자인 것처럼
얍복강 씨름으로 승부 걸었다

떼 갈매기 달고 오는 만선(滿船)처럼
응답의 보따리 내려오기 전까지

그 밤 중량이 어망보다 크고
더 무거워 휘청거리듯

이름의 무게는
나의 기개(氣槪)를 꺾어놓았다

아버지의 소망 중량이었고
아버지의 사역 총량이었으나

이젠
은총의 여명(黎明)이 내 영혼에
햇살처럼 비춰오니
무겁던 이름의 중량이
나를 견인하는 동력이 되고
삶과 사역의 올림 표(sharp)이다

이 또한 감사하지 아니한가

이른 새벽 3시 50분 일어나
잠자리에서 스트레칭으로 몸을
풀고 가볍게 하루를 시작하니
이 또한 감사하지 아니한가

공격적인 운전이지만
촉각 다투는 시간에
안전하게 교회에 도착하게 되니
이 또한 감사하지 아니한가

사신(司晨)[2]의 시간부터 아버지
집에서 찬송과 말씀과 기도로
그분을 섬기므로 안심되니
이 또한 감사하지 아니한가

온 집안 가득 채우는 찬송으로
만왕의 왕 주님을 모시므로
마귀 세력 물러가니
이 또한 감사하지 아니한가

---

2) 새벽을 알리는 일을 맡는다는 뜻으로 '닭'을 달리 이르는 말

은밀한 교제로 하나님 만나
기도와 간구로 다 맡기고
신령한 세계를 여행하니
이 또한 감사하지 아니한가

펼쳐주신 계시로 아버지 뜻을
알고 그분의 뜻을 받아
삶의 양식으로 삼게 하시니
이 또한 감사하지 아니한가

스물 네 시간 천 사백 사십 분
팔만 육천 사백초 성령충만으로
아낄 하루 시간을 주시니
이 또한 감사하지 아니한가

세속적 물량주의

인구가 줄고 있다
결혼도 필수가 아니고
출산도 선호하지 않고

개독교라 적대적 세력이
기생충처럼 번져가고
여론몰이로 젊은이는 떠나고
나라 경제에 중산층이
사라지고 있는데

그러나
주님의 몸 된 교회는
하나님의 능력으로
이 시대의 기적으로
왜 성장을 가져오지 못하느냐
왜 부흥의 불을 붙이지 못하느냐

목회자의 게으름이 아니냐
목회자의 영력이 식어있고
목회자의 지도력이 문제지

목회자는 초인으로 변신하고
목회자는 물길 거슬러 올라가는
산 고기가 같이
오직 성장도 흑자도
수치로만 평가하니

목회자여!
차라리 수치를 숭상하는
초인이 되거라

9월이 오면 · 1

구월은 첫걸음 시문학 문도(門徒) 같다
앞으로 나란히 줄서기 하랴
가갸거겨 고교구규
지렁이 기어가듯 손 따로 맘 따로
명작시 기다린다

구월은 전학 다녀 온 친구 같다
잠자던 묵은 정서 깨워 일으킨다
반가움과 기쁨 아쉬움과 섭섭함도
소용돌이처럼 유영(遊泳)한다

구월은 연말 보낸 정초 같다
중단했던 새해맞이 일기 쓰려고
다이어리 펼치게 만드는 새 달
지난 세월 아쉬워하면서 다큐 찍듯
한 자 한 자 회오와 소망을 담는다

또다시 구월이 돌아왔다
이젠 다이어리 사지 않는다
이젠 유유범범(悠悠泛泛) 아니다
반드시 보란 듯이 등단할 거다

9월이 오면 · 2

저층 끌그물 범선을 타고
심저(心底) 바닥에 흩어진
여름 편린(片鱗)들 모은다

모깃불 앞에서 헌혈했던
지난여름 이야기를 쓴다

황금 들판 벼메뚜기처럼
뛰고 날던 이야기들을 모아
다 지워지기 전에 채집한다

영글어가는 피마자 이마처럼
탱글탱글 매끌매끌 철학자가 된다

야간 병동

낮 시간에는 보금자리
정겹고 사랑스런 대화가
오순도순 이루어지는 곳
활기차고 역동적인 힘
새롭게 공급받는 건강한 충전소

아무도 볼 수 없는
검정 장막 드리워지는 밤이 되면
그 안에서는 다 환자로 바뀌어진다
의원도 간병인도 없이
깊고 황량한 고독의 벌판에 버려진다

통증의 승냥이가 와서
뜯어먹고 헤집어도
가위에 눌린 마음 소리쳐도
인기척 없이 허우적거린다

베데스다 동(動)한 물에
넣어줄 사람을 찾던 심정
속히 오소서
여호와 라파의 손으로
한 번만 만져주소서

행함으로 말하리

나는 네가 내게 진 빚을 갚으라고 구태어 말하지 않겠노라 않겠노라 부정어가 문장의 내용을 다 뒤집어 넘길 수 없음을 본다 짧은 접미어가 몸체에 영향을 주기에는 부족하다 결국 할 말을 다하게 되었다 내가 한말보다 더 행할 줄 안다 마음과 정서를 담고 의지를 담는 것이 말인데 말보다 행동을 옮기는 것은

말을 통하여 들려주는 언중(言中) 유의를 마음으로 읽으라는 것이었다

믿음 소망 사랑

자갈 돌 골라 개간하지 않았습니다 부동산 중개소 통해 사지 않았습니다 조상으로부터 유산으로 물려 받지 않았습니다 폭력배 동원해서 나봇의 포도원을 빼앗은 음모의 이세벨 유약한 권력의 야합이 아니었습니다 하늘로부터 쏟아질 때 의심과 불신의 우산을 쓰지 아니하고 무신론과 배교의 천막도 치지 않았습니다 맘 열고 받아들인 선물 그분의 선물 믿음의 밭입니다

그 밭에서 보이지 않는 영원으로 이어진 덩굴뿌리 저장뿌리 캐고 영안으로 볼 수 있는 소망의 뿌리를 하늘에서도 캡니다 지상에 드러난 땅위뿌리 줄기뿌리 공기뿌리 호흡뿌리 언약의 호미를 들고 방탕함과 술취함과 생활의 염려로 마음이 둔하여지지 아니하고 덫과 같이 임할 마라나다의 임재를 두려워하지 아니하고 캐고 캐야 얻을 수 있습니다 그 뿌리는 중보의 사닥다리로 하늘에 이어져있는 소망의 뿌리입니다

이젠 순수의 벽돌로 켜켜이 쌓아가는 집 관심의 철근 깔고 용서의 서까래 걸치고 탕감의 지붕도 덮어서 짓고 있지만 탐욕의 벽돌 정욕의 철근 적당주의 시멘트가 섞여 들어옵니다 에리히 프롬의 관심 존경 책임 돌봄 줌 등의 다섯 가지 사랑의 기술은 고급 자재라 구하

기 쉽지 않습니다 그 집안에는 죄인 세리 창녀들이 살 수 있는 설계입니다 회개한 제사장 회개한 서기관 회개한 바리새인 전직 포행자 전직 박해자 전직 훼방자와 함께 살아갈 곳을 짓습니다

아직도 공사 중 모두 다 살아갈 수 있도록 짓는 사랑의 집입니다 지금도 짓고 있습니다 원수까지 받을 수 있도록 활짝 넓힐 현관도 관용의 자재로 설계되어 구하고 있습니다 곧 완공되어지리라 봅니다

아기가 아기를

진통이 뭔지 찾아온다고
긴장하고 긴박해진 가족
병원을 찾았더니
입원하라는 의사의 권고

자연분만일지 수술출산일지
진행 추이 지켜보잔다
뜬눈으로 세우듯 초조의 밤
벨소리에 깜짝 놀라는 가족
카톡 소리에 긴장하는 친정

무소식이 희소식의 밤
지나고
찾아온 아침
채비 서둘러 달려간 병원
산모는 죽은 듯이 소리 없고
신생아는 병원 떠나갈 듯
우렁찬 울음소리
고고의 성(聲) 울린다

인생 출발!
내가 세상에 나왔다!

>

아기 함씨 왈
당신은(YOU)
하나님(EL)이십니다

그 옷 입고

옷이 날개라더니
날개 옷 달고 나가면
날기도 하고 뛰기도 한다

하이얀 캡에 하이얀 제복
간호사 손에 들려진 주사도
환자는 아프지 않단다

충성으로 만들어진 군복
군기가 근육을 만들고
사기가 어깨를 만든다

자유방임으로 직조된 예비군 군복
군기는 휴가 떠나고
나태의 멍석에 털썩 주저앉는다

아랫목의 따스함이
잠옷을 만들고
유혹하는 미소는
꿈의 세계로

탐심으로 얼룩진 옷 벗기고

희생으로 만든 새 옷 입히려고
골고다 높은 곳
그 나무에 달리셨네

이젠 예수 그리스도로 옷 입었으니
어떻게 생각하고 살아야 할까

아직 여전한데

저기 서있는 나무 이파리보다 더 많이
저기 밤하늘 별떨기보다 더 많이
저기 아이들의 웃음소리보다 더 많이

받은 말씀 생명의 말씀
떨리는 마음으로
설레이는 마음으로

사람의 떡으로만 아니라
하나님의 입의 말씀으로
신령한 양식을 먹이듯이
외치고 전하고 나누었데

이젠 그 외침 다 했고
그 나눔 끝났으나

아직 다 분출하지 못한 말씀의 용암(鎔巖)
중단 없는 줄기찬 생명수의 흐름

주여
어찌하면 좋으리이까

세차지수

오늘 할까 내일 할까

미세먼지 남긴 흔적에
간밤 서리 덧붙이니
유체환지 수체환지
입체 화판 볼 만하다

마른 걸레 밀어 봐도
남은 먼지 더 많으니
하나마나 자동차 청소

웬일인가 웬 소식인가
강수확율 육칠십 퍼센트
좀 더 기다리자
좀 더 기다려 보자

용을 써도 안 되던 일
주님 손 내미시면
손바닥만한 구름으로도
소낙비 만드신다는 믿음
그 믿음 주옵소서

하늘 아이스링크

파란 하늘은 광활한 아이스링크

별들이 광속으로 유영(遊泳)하고
높은 소리들도 곡예를 하고
낮은 소리들도 굵기를 뽐낸다

삼각편대 기러기들은
장거리에 승부를 걸고
낮은 링크를 점령한
참새 떼들은 단거리 선수들이다

아이스링크를 어느 사이 차지한
심술꾸러기 구름은 단체에 출전하여
자랑하듯 위용(偉容)을 으스댄다

발 빠르기가 가장 뛰어난 생각 선수
발놀림이 보이지 않을 정도
광속을 앞질러 링크를 주도한다

하지만
패트롤(patrol)보다 엄하고 빠른

>

하늘의 생각
악의 생각 제압하는
거룩하고 선한
희락이 넘치는
그분의 뜻
이 땅에 이루어지게 하소서

담금질

몇 번이나 죽어야 하는지

불구덩이로 들어가면서
버티고 버텼지만
시간과 열기의 매몰참
속속들이 다 점령 마치고

빨간 불덩어리로
모루 위에 올려지고
보지도 못했던 해머에
버티던 욕망과 오만이
무너질 때
모습이 드러난다

날카롭고 무거운 소리
잔향(殘響)으로 멀어질 때
칼이 되고 도구가 되어
담금질로 던져지고
강도와 밀도가
정점에서 만난다

>

마침내
풀무불의 담금질로
하늘 높은 권세와 오만
무릎 꿇게 한 청년들처럼
칭찬 존귀 영광으로
그분의 보석처럼 빛나리

스승 바다

속에 든 게 얼마나 많으신지
말없는 현자(賢者)의 침묵

보는 해수면엔 보이지 않아도
보이지 않는 해저 내탕고에는
얼마나 많은 지식의 보물들을
소장하고 운용하고 있는지

입을 열지 않고 회초리를 들지 않아도
그는 그곳에 있으므로 선생님이시다

게으르지 말고 부지런히 살아가라고
추하게 말고 맑게 살아가라고
담 쌓지 말고 열린 마음으로 살아가라고
넘치지 말고 분수 지키며 살아가라고
부화뇌동 말고 반석같이 신조 지키라고

때론 무섭게 노한 모습의 엄한 선생님
때론 말없이 미소 짓는 인자한 모습

오늘도 거기 계시는 선생님 앞으로
인생의 한수 배우러 달려가고 싶다

코로나 바이러스

인근 국가 한 도시에서 발병한
신종 질병 코로나바이러스

발 없는 질병 천 리 가니
지구촌 초비상
잠복 두 주간 예측 못해
이차 감염 삼차 감염

나는 괜찮아야지
마스크로 대화 단절
빌라도 손 씻어 관계단절
모임마다 취소 연기

하루 동선(動線) 확인하니
가족도 의심 친구도 불신
돌 하나 첩 놓이지 않고
삶의 관계망 모래알처럼

질병 옷 입고 나타난 어둠의 영들인가
인간사회 이음줄 끊는 시샘의 영들인가
사랑과 우정 해체하는 파괴의 영들인가
아니야 이 또한 그분의 시간표 따라 지나가리

이정표(里程標)

서울까지 얼마나 걸리나요
버스로 승용차로 기차로

정치 경제 교육 문화 언론 등
중심을 만나려면
거기 가야 한다고요

정치와 경제의 중심은 누가
교육과 문화의 중심은 누가
국방과 언론의 중심은 누가
아니 역사의 중심은 누가 움직일까요

시련을 낭비하지 마세요
인생을 낭비하지 마세요
귀를 열어 계시를 들어보세요
눈을 열어 역사를 읽어보세요

길이신 그분이 곁에 계십니다
본부이신 그분이 여기 계십니다
해결이신 그분이 함께 계십니다
그리고 빙그레 웃으십니다
천년을 하루같이 기다리시면서

4부

주권主權

주권(主權) · 1

하늘에 있는 모든 것 다 만드셨네
땅에 있는 것 모든 것 다 만드셨네

그분이 하늘 땅에 있는 모든 것의 소유주
그분이 하늘 땅에 있는 모든 것의 통치자

그분은 우주의 지존 재벌(財閥)이시네
그분은 우주의 황제 중의 황제(皇帝)이시네

놀랍다
그분이
나를
선택하셨네 잡아주셨네 도와주셨네 함께하셨네
세워주셨네 올려주셨네 깨워주셨네 지켜주셨네
곁에계셨네 뜨게하셨네 보게하셨네 알게하셨네
찾게하셨네 쓰게하셨네 쌓게하셨네 읽게하셨네
듣게하셨네 눕게하셨네 자게하셨네 살게하셨네
먹게하셨네 잊게하셨네 털게하셨네 잡게하셨네
만져주셨네 복을주셨네 은혜주셨네 짓게하셨네

그분이
나에게

영생주셨네 가정주셨네 자녀주셨네 교회주셨네
나라주셨네 손자주셨네 자유주셨네 친구주셨네
건강주셨네 겨울주셨네 동료주셨네 일터주셨네
여름주셨네 스승주셨네 어른주셨네 천국주셨네
음식주셨네 봄을주셨네 식수주셨네 의복주셨네
산소주셨네 학교주셨네 병원주셨네 약국주셨네
서울주셨네 지방주셨네 존귀주셨네 한글주셨네
문화주셨네 고쳐주셨네 사랑주셨네 기쁨주셨네
눈물주셨네 위로주셨네 회개주셨네 주택주셨네

영원토록
세세토록
영광을 받으소서
받으실 지어다
할렐루야! 할렐루야! 할렐루야!

주권(主權) · 2

그분은 지혜로 만물을 만드셨네
그분은 말씀으로 만물을 만드셨네

하늘보다 더 높으신 분
바다보다 더 넓으신 분
만유소유 재벌이시네
절대주권 황제이시네

그분이
나를
숨쉬게하셨네 이기게하셨네 일으켜주셨네
깨우쳐주셨네 엎디게하셨네 향하게하셨네
높이게하셨네 세우게하셨네 지키게하셨네
나누게하셨네 부르게하셨네 달리게하셨네

그분이
나를
자녀삼아주셨네 살아가게하셨네 기도하게하셨네
찬송하게하셨네 말씀읽게하셨네 전도하게하셨네
생각나게하셨네 감사하게하셨네 사랑하게하셨네
극복하게하셨네 풍성하게하셨네 인내하게하셨네
용납하게하셨네 건강하게하셨네 근신하게하셨네

바라보게하셨네 물리치게하셨네 사모하게하셨네
절약하게하셨네 인정받게하셨네 상담하게하셨네
활동하게하셨네 감동받게하셨네 시를쓰게하셨네
존경받게하셨네 남아있게하셨네 신중하게하셨네
가르치게하셨네 운동하게하셨네 멀리하게하셨네
소화되게하셨네 배설하게하셨네 식욕갖게하셨네
향상하게하셨네 전진하게하셨네 여유갖게하셨네

그분이
나에게
낭비않게하셨네 원망않게하셨네 좌절않게하셨네
불평않게하셨네 근심않게하셨네 포기않게하셨네
오만않게하셨네 공격않게하셨네 질투않게하셨네
싸움 않게하셨네 전가않게하셨네 미련않게하셨네

오직
그분만 다하셨네
할렐루야! 할렐루야! 할렐루야!

운동회를 열면서

높푸른 가을 하늘 넓은 운동장
여기에 운동화 신고
청암의 가족이 다 모였습니다

자기보다 무거운 삶에 눌리고
웅크리고 가슴 조이고
불안했던 성도들이

체면의 모자를 벗고
불안의 가슴을 열고
찌든 삶의 겉옷을 벗어 던졌습니다

안식 후 첫날 달리던 베드로처럼
얍복나루 모래 밭 야곱처럼 겨루고
패역한 백성을 향하여 외치던 이사야처럼

목청 높여 함성을 지르는 우리는
한 길을 달려가는
한 몸의 지체임을
다시 확인합니다
많이 앞서 달림은
우리 날 계수함의

지혜를 터득하기 위함입니다

그리하여 저희는
썩은 면류관을 얻고자 하되
우리는 썩지 아니할 것을 얻는
바울의 후예들이 되리라

심고 거두고

말씀 한 마디 듣기만 해도
궁창 위 아래 물 나뉘었네
말씀 한 마디 듣기만 해도
홍해 바다 물벽 살리고 죽였네
말씀 한 마디 듣기만 해도
르비딤 반석 솟는 우물이 되었네
말씀 한 마디 듣기만 해도
창일한 요단강물 그대로 섰네
말씀 한 마디 듣기만 해도
갈멜산 한 점 구름 폭우 되었네
말씀 한 마디 듣기만 해도
돌항아리 물 포도주 되었네
말씀 한 마디 듣기만 해도
우물가 찾은 수가성 여인
불같은 성령의 수로 놓더니
샘솟는 우물 여인 되었네
멈춤 없는 강물 여인 되었네

없어졌어요

천근만근 유압 프레스보다
절망의 무게이더냐
스올의 고통이더냐

누웠는지 깼는지
눈물 콧물이 앞가리고

주위사람 온 데 간 데 없고
소태 쓴 체험 고독이 독점했네

식음 끊고 엎드리고
소통 끊고 간구하니

없어졌어요 없어졌어요
폭군처럼 자리 잡은 뇌종양사진
허겁지겁 물러간 패잔병 빈자리

죽음 건너편 치유의 능력
칠흑 같은 어둠 지난 기쁨의 아침

기도 밖에는 이런 유가 없어요
그분 외에는 이런 치료 없어요

구름 감정

온 세상 이고 짊어진 무거운 구름
소리로 바뀌더니 후두득 후두득
손에 손 잡고 내리니 강에도 바다에도
악한 질병 코로나 염려 흘러 보내고
이젠 좀 쉬라고 안심하라고 소리치네

이윽고 새하얀 뭉게구름
파아란 바탕 하늘에 솜털 수놓더니
확산보다 전이(轉移)보다 더 가벼운
두둥실 두둥실 떠오르는 낭보(朗報)처럼
코로나 변곡점(變曲點) 찍고 난 뒤
멀리멀리 솜털처럼 날아가거라

젖은 구름이 코로나처럼 무겁다지만
솜털 구름처럼 마음 치유로 가볍게
코로나 털려진 솜털 구름 하늘은
확진 소식 확산 소식 끝났다고 전하고
치유되고 퇴치됐다고 발 없는 말 전하거라

오늘도
솜털 구름 배후에 그분이 웃고 계시네

완악함

가나 돌항아리 물은
주님 보자말자
부끄러워 얼굴 붉어졌다는데

바닷가 베드로는
주님 보자말자
물고기보다 더 많은
자기 죄를 보고 엎드렸다는데

한 마디 말씀 들은
귀도 없는 바람과 바다는
소란 멈추고 순종했다는데

물고기 많이 잡아먹어도
냄새나는 죄 보이지 아니하고

천천만만 말씀 들어도
맘속 불안 여전히 요동치고
오만불손 멈추지 아니하니

오 주여
이를 어찌 하면 좋으리이까

초보 믿음

주님
어디에 계십니까
언제 오십니까
무얼 하고 계십니까

보이지 않습니다
들리지 않습니다
느껴지지 않습니다

아들아
나는
창조 때 임마누엘
섭리 때 임마누엘
심판 때 임마누엘

아! 그러시군요

다 보고 계시는군요
다 알고 계시는군요
늘 함께 계시는군요

차이(差異)

울다와 웃다는 받침 순서 차이
울다의 리을 받침이
네 번째이고
일곱 번째 따라오는
웃다의 시옷 받침보다
먼저 온다

고고한 울음으로 출발한 인생은
훗날에 웃을 일이 남아있다

뜨거운 회개의 눈물을 흘린 사람은
둘째 아들에게 주시는
선물을 받아 기쁨으로 누리며

울며 씨를 뿌리는 자는
기쁨으로 단을 거두리로다

지금 울고 있는 자는
눈물 닦을 손수건과 함께
반드시 찾아올
웃음과 기쁨의 그 아침을 맞이하리

기도실

누워서 주님을 부르면
그 자리가 기도실

앉아서 주님을 부르면
그 자리가 기도실

일어나서 주님을 부르면
그 자리가 기도실

운전하면서 주님을 부르면
그 자리가 기도실

위급할 때 주님을 부르면
그 자리가 기도실

일하면서 주님을 부르면
그 자리가 기도실

주님은 아니 계신 곳이 없으시니
모바일 폰보다 가까이 계시는 분

동류(同類)

겸손한 자는
터진 보(洑)와 같지 아니하여
지혜를 담는 든든한 저수지가 되고

정직한 자는
저주 솟구쳐 내는 사람과 달리
성읍을 축복으로 진흥(exalt)하게 하고

신실한 자는
두루 다니며 비밀누설 즐기지 않고
철통같이 남의 비밀 지켜주고

유덕한 여자(gracious woman)는
명예와 영광을 얻고
근면한 남자는 재물을 얻느니라

구제를 좋아하는 자는
고통 수수방관 하는 자가 아니고
창고 열어 남도 자기도 풍족하게 되고
선을 간절히 찾는 자는
남 슬프게 하는 악 찾지 아니하고
새벽부터 친절 주고 은총 받으리라

월선(越線)

인근 나라에서 들어온 전염병
꼬리 보이지 않고 기세 꺾이지 않고

빨리빨리 백성들 속 터지는데
떠날 기약도 없이 행선지도 없이
회전의자 돌리면서 주인 행세하는데

무신론 권력층 견고한 숙주 삼아
무식한 무소불위(無所不爲) 권력
넘지 못할 선(線) 넘어 휘두른다

피로 만든 유월절 민족을 살렸으나
권력으로 만든 월선(越線)은
아서라
그분의 진노를 초래할 터이니
넘지 못할 선(線) 범하지 말아라

천만성도 합심협력 백신(vaccine)되고
천만성도 참회기도 권력횡포 막고
그리하여 머리속에 있는 질병 먼저 몰아내어

창조자 여호와 라파가 살아계심을 보여주자
무릎 꿇게 하자 지존하신 여호와 앞에

정금(正金)

성도가 당하는 고통의 강도가
너무 세차지 않습니까
의인이 당하는 고난의 열기가
너무 뜨겁지 않습니까
자녀가 당하는 시련의 밤이
너무 오래지 않습니까

풀무불 땔감은 여전히 투입되고
물불 담금질 끝나지 않고
순수 금속 성분 얻으려는
야금(冶金)도 멈추지 않는데

구푸려 손을 뻗고 뻗어도
닫지 않는 도가니 안
앉아 발을 뻗고 뻗어도
닫지 않는 풀무불 바닥

원석을 보석으로 만들고 계시는
조개 살 속에서 진주를 만드시는 그분이
곧 마음을 제련하고 만든 정금
진주 나타내실 것입니다
큰 대장간 주인 우리 아버지

양약(良藥)

근심된 일이 군데군데 많아
앉아도 근심 일어나도 근심
잘 때도 근심 깰 때도 근심
쉴 때도 근심 일할 때도 근심
이것이 인생의 본질인가

연약한 흙덩어리로 만들었으니
처음부터 온전치 못했으니
태생적으로 근심할 수밖에

품에 안은 염려 내려놓고
등에 진 근심 끌러놓고

다만 기도로 구하라
오직 기도로 맡기라
그리하면
평강이 늘 맘속에 자리 잡고
기쁨이 항상 맘속에 찾아오고
즐거움의 샘물 쉼 없이 나오리니

이것이 창조주의 처방전
양약(良藥)이로다

교대시간

한번 오면 또 떠나는 것이지

어느 사이 땅거미가 내려앉았다
사전에 기척도 없었고
준비도 없이 찾아왔다

어느 사이 땅거미가 내려앉았다
놀 시간도 없이 찾아왔구나
애기할 시간도 없이 찾아왔구나

어느 사이 땅거미가 내려앉았다
내일이면 떠날 건데 아쉽지 않아
찾아온 밤은 곧 떠나고 말건데

핀 꽃 지고 다시 피고 지고
소리 없이 들어온 질병
폭언보다도 큰소리로
생명 위협 협박하고 있지만
곧 물러날 그 일은

창조주의 시간표이구나

더 바이블

그대 만남을 그날 먼저 할 때면
더 바이블을 엽니다
그대 감(感) 기척 느껴질 때면
더 바이블을 엽니다
그대 신령한 얼굴 보고 싶을 때면
더 바이블을 엽니다
그대 자녀 일손 잡히지 않을 때면
더 바이블을 엽니다
그대 먼 듯 삶이 힘겨워질 때면
더 바이블을 엽니다
그대 불사랑 얼음 내가 찾을 때면
더 바이블을 엽니다
그대 함께 계심을 확신할 때면
더 바이블을 엽니다

그리고 그대 그려내는 시 쓰고자 할 때도
더 바이블을 엽니다

견고한 망대

그 험준함이 개미 한 마리도
오를 수 없는 가파른 언덕은 아닐지라도

그 강도가 첨단 무기로도
뚫을 수 없는 견고함은 아닐지라도

그 높이가 터줏대감 산 짐승도
넘기 어려운 고지(高地)는 아닐지라도

사악함과 신묘함의 악령도
침투할 수 없는
좌절과 실패의 용병도
거들먹거릴 수 없는
불안과 근심의 간접 전술도
스며들 수 없는 망대가 있습니다

만군의 하나님
난공불락(難攻不落)
여호와 그분의 품입니다

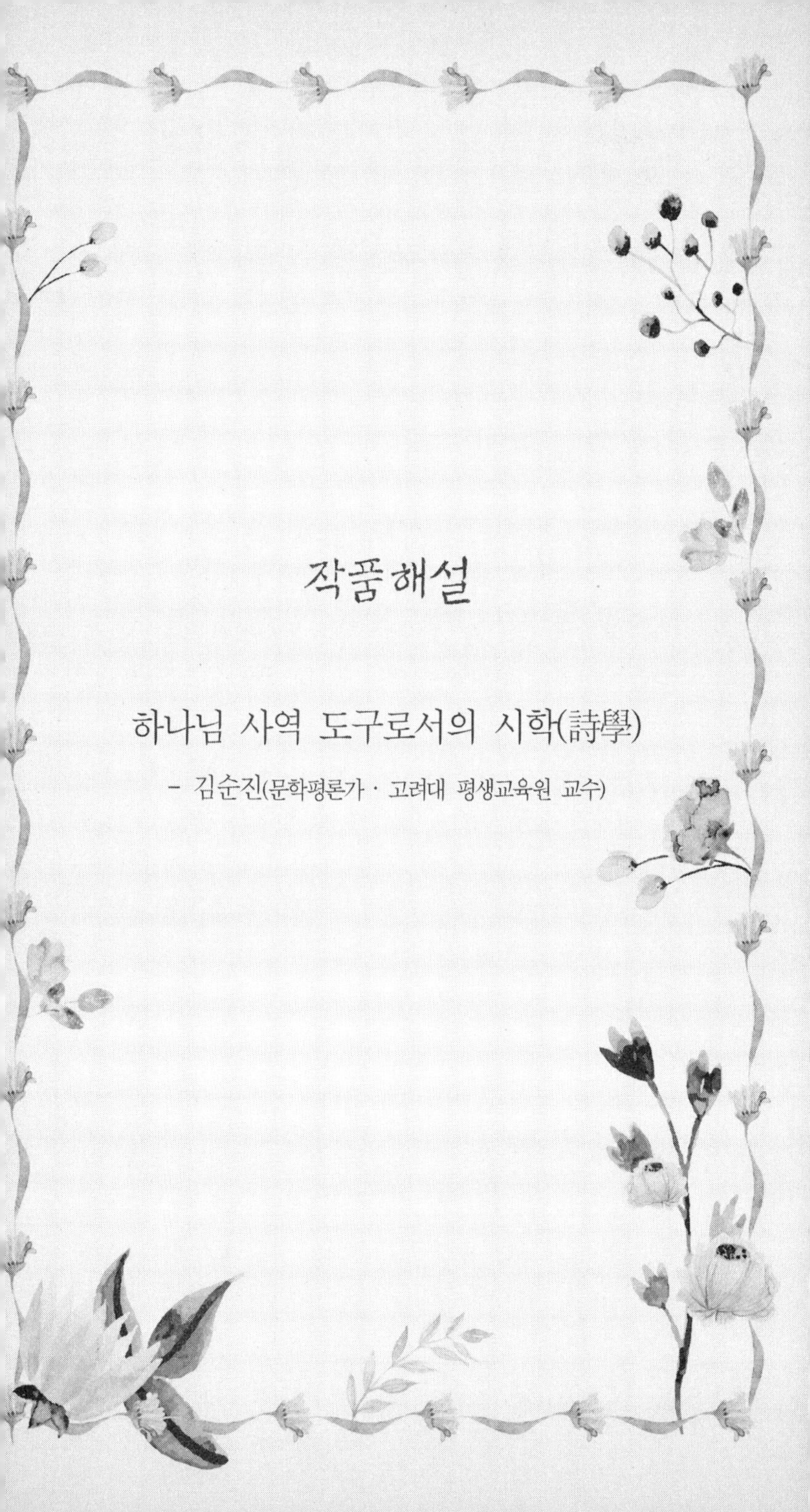

작품해설

하나님 사역 도구로서의 시학(詩學)

- 김순진(문학평론가 · 고려대 평생교육원 교수)

작품해설

하나님 사역 도구로서의 시학(詩學)

김 순 진

권성묵 시인께서 또 시집을 상재하신다. 첫 시집을 내신 지 8개월 만이다. 권성묵 시인께서 보내오신 원고가 출판사에 와서 2개월이 지났으니 정확히 반년 만에 또다시 시집을 내시는 셈이다. 지금 권성묵 시인의 머릿속에는 온통 시 쓸 소재와 생각과 욕망이 점령해있다. 잠을 자도 시가 떠오르고 길을 걸어도 시가 떠오른다. 시와의 사랑에 빠진 것이다. 권성묵 시인은 목사님이시다. 평생 청암교회에 몸 바쳐 봉사하시고 퇴직하시어 지금은 원로목사로 계신다. 권성묵 목사님은 피 한 방울, 살 한 점, 뼈마디 하나까지 하나님의 보혈로 이루어진 몸이다. 왜 그런 말씀을 드리느냐 하면 그는 모태신앙을 가진 분이다. 그것도 아버지께서 목사님이셨고, 경북 의성에서 목사님의 장남으로 태어난 그는 다섯 형제 모두가 목사 박사가 되었다고 하니 그야말로 뼛속까지 하나님의 사람이다. 중학교 2학년 때 마늘밭에 세워진 종탑에 종을 치는 것을 시작으로 약관의 나이에 하나님 사역에 뛰어든 그는 지난해 49년 동안 봉사해온 하나님 사역에서 은퇴하셨다. 27년 전 사역의 바통을 이어받은 청암교회에서 비가 오나 눈이 오나 바람이 부나 새벽같이 일어나 교회에 불을 밝히고 예배당의 종을 치고 길 잃고 스스로 헤매는 어린양들을 위하여 목자가 되셨다. 그는 이제 평생의 사역을 떠나 자연인으로 돌아왔다. 몸은 자연인으로 돌아왔지만 마음은 돌아올 수 없었다. 아니, 오히려 현역 때보다 천 배 만 배 더 절실하고 크나큰 은혜로움이 온몸을 감싼다. 그래서 그는 그의 앞에 주어지는 모든 것이 더욱 소중해지고, 더욱 감사해진다. 그는 은퇴를 할 무렵 시(詩)를 영접했다. 그가 늦은 나이에 시를 쓰게 됨 역시 하나님의 명령에 따른 것이다. 나는 그가 선천적으로 시인이었을 거란 생각이 든다. 왜냐하면 아무리 시창작수업을 들었다고 할지라도 그렇게 단 시간에 이렇게 완성도 높은 시를 쓰기란 쉽지 않다. 그의 시를 읽으며 나는 깜짝깜짝 놀란다. 군데군데 숨겨놓은 시적 장치와 은유가 역시 평생 하나님 말씀을 전하신 분은 다르구나 생각했다. 이제 그는 시를 통하여 현역 때보다 더욱 더 하나님 말씀을 증거하고 사역하며 전파하려고 한다. 아마도 시는 그에게 있어 하나님께서 또 다른 정예화되고 잘 훈련된 군사를 보내신 것이리라. 그래서 그는 시의 군사를 이끌고 온 세상을 하나님 나라를 만들기 위하여 진격한다. 그럼 이쯤에서 그의 시 몇 편을 읽어보면서 그의 시가 어떤 시적 완성도를 가지고 있으며 하나님의 사도로서 얼마나 충실한 시인인가를 가늠해보기로 한다.

순결한 너의 자태 보지 못하고 화무십일홍(花無十日紅)이란 말을 썼으니 이젠 화유백일홍(花有百日紅)으로 이름을 바로 잡아보세. 너의 이름은 처음부터 특이해 하룻밤 자고나면 너의 생명의 날은 데크레센도(decrescendo)로 점점 엷어지면 질수록 너의 자태의 아름다움은 크레센도(crescendo)로 점점 더 강하여져가니 그 아름다움의 영상(映像)과 풍기는 너의 향기(香氣)는 잊을 수 없구나

백일홍 구십구일홍 구십팔일홍 구십칠일홍 구십육일홍 구십오일홍 구십사일홍 구십삼일홍 구십이일홍 주십일일홍 구십일홍 팔십구일홍 팔십팔일홍 팔십칠일홍 팔십육일홍 팔십오일홍 팔십사일홍 팔십삼일홍 팔십이일홍 팔십일일홍 팔십일홍 칠십구일홍 칠십팔일홍 칠십칠일홍 칠십육일홍 칠십오일홍 칠십사일홍 칠십삼일홍 칠십이일홍 칩십일일홍 칠십일홍 육십구일홍 육십팔일홍 육십칠일홍 육십육일홍 육십오일홍 육십사일홍 육십삼일홍 육십이일홍 육십일일홍 육십일홍 오십구일홍 오십팔일홍 오십칠일홍 오십육일홍 오십오일홍 오십사일홍 오십삼일홍 오십이일홍 오십일일홍 오십일홍 사십구일홍 사십팔일홍 사십칠일홍 사십육일홍 사십오일홍 사십사일홍 사십삼일홍 사십이일홍 사십일일홍 사십일홍 삼십구일홍 삼십팔일홍 삼십칠일홍 삼십육일홍 삼십오일홍 삼십사일홍 삼십삼일홍 삼십이일홍 삼십일일홍 삼십일홍 이십구일홍 이십팔일홍 이십칠일홍 이십육일홍 이십오일홍 이십사일홍 이십삼일홍 이십이일홍 이십일일홍 이십일홍 십구일홍 십팔일홍 십칠일홍 십육일홍 십오일홍 십사일홍 십삼일홍 십이일홍 십일일홍 십일홍 구일홍 팔일홍 칠일홍 육일홍 오일홍 사일홍 삼일홍 이일홍 일일홍

>
그렇지!
우리도
한번
백일홍의 백(魄)을 받아서
백년의 수를 누려보세

— 「백일홍(百日紅)」 전문

가히 무릎을 칠 일이다. 이제 등단한 지 얼마 되지 않은 분이 이렇게 좋은 시를 쓰셔도 되는지 모르겠다. 정말 기발한 아이디어다. 그동안 나는 백일홍이 저절로 붉어지는지 알았다. 그런데 권성묵 시인의 이 시를 읽으며 작은 꽃이라 할지라도 거저 피는 것이 아님을 알게 되었다. 백일홍은 뿌리로부터 "일일홍 이일홍 삼일홍……."하며 시나브로 붉어지고 있었던 것이다. 그 모양을 본 권 시인은 "백일홍", 즉 꽃이 피어 완성된 모양을 맨 위에 올려놓고 그 아래는 "백일홍 구십구일홍 구십팔일홍 구십칠일홍 구십육일홍……." 그렇게 점차적으로 줄어들면서 뿌리가 꽃대를 세우고 잎을 만들고 꽃잎을 지어 세상에 내놓기까지의 수고를 헤아리고 있는 것이다. 장석주 시인은 「대추 한 알」이라는 그의 시에서 대추가 붉어지는 이유를 노래했다. 그는 "저게 저절로 붉어질 리는 없다 / 저 안에 태풍 몇 개 / 저 안에 천둥 몇 개 저 안에 벼락 몇 개"가 들어있어서 붉어진다고 한 것이다. 또 그는 대추의 둥근 이유에 대하여 "저게 저 혼자 둥글어질 리는 없다 / 저 안에 무서리 내리는 몇 밤 / 저 안에 땡볕 두어 달 / 저 안에 초승달 몇 날"이 들어있어서 둥그러진다고 했다. 권성묵 시인은 꽃에도 넋이 있어서 백일홍이 꽃으로 붉어지는 동안, 그가 오직 하나님을 위하여 평생을 바친 것과 같이 백일홍이 오직 붉음을 위하여 평생을 바친 것이 아닐까 생각한다.

①
아침 저녁 공기 마시듯
시상이 늘 떠오르는 건
분명 아닌데

그럼에도 불구하고
원석 채광(採鑛) 기대하며
명작의 바다를 탐사한다

진주 찾던 밝은 눈 보석상
어느 시골 장터인지
푸짐한 허기짐을 채우듯

진주 한 점이라도
원석 한 조각이라도

시감(詩感)의 배낭에
채워주니
새 힘 얻네

지친 생각의 발걸음

– 「시작(詩作)」 전문

②
그래도 시(詩)를 쓴다

행선지도 없이
정처도 없이
길을 나선다

추억을 친구로
기억을 말동무로
삼아서 동행한다

아름답고 즐거운 시간
달콤한 사건은

머무르지 아니하고
시간의 모래밭에
잦아들고 말겠지만

추억의 향기
기억의 발자국

맛조개 올라오듯이
잇따라 올라오고 있다

- 「시상(詩想)」 전문

앞서 말한 바와 같이 권성묵 시인은 요즘 온통 시 생각뿐이다. 나는 여기서 권성묵 시인의 시에 관한 시 네 편을 예재시로 가지고 왔다. 예재시 ①「시작(詩作)」은 그가 얼마나 시에 관하여 몰두하고 있는가를 잘 보여준다. 아침저녁으로 공기 마시듯 늘 시상이 떠오른 건 아니라고 말하지만, 그는 "그럼에도 불구하고 / 원석 채광(採鑛) 기대하며 / 명작의 바다를 탐사한다"며 날마다 시탐사 여행을 떠나고 있다. 탐사여행이란 어떤 미지의 세계를 먼저 가서 그곳이 어떤지 사람이 발을 디디고 살만한지, 자원은 무엇이 있고 생물이 살고 있는지 아닌지 등을 살펴보고 오는 일이다. 따라서 탐사의 목적지는 사람이 살지 않는 곳, 척박하고 위험한 곳 등이 탐사지가 된다. 이를테면 우주탐사, 남극탐사, 오지탐사 등이 그것이다. 그런데 반하여 시탐사여행은 목적지가 너무나 다양하다. 달로의 탐사뿐만 아니라 풀꽃 탐사, 마음 탐사, 눈망울 탐사, 사랑 탐사 등 모든 것이 대상이 되니 권성묵 시인의 탐사여행은 재미있고 설레는 여행이다. 예재시 ②「시상(詩想)」에서 그는 "그래도 시(詩)를 쓴다 / 행선지도 없이 / 정처도 없이 / 길을 나선다"고 말한다. 여기서 "그래도"라는 말은 그가 얼마나 시에 대하여 몰두하고 있는가를 잘 보여준다. "그래도"란 "아파도, 바빠도, 한가해도, 배불

러도, 허기져도, 잠자도, 누워도" 시를 쓰겠다는 것으로 시를 쓰는 것에 대한 그의 자세를 엿볼 수 있는 대목이다. 그래서 그는 "행선지도 없이 / 정처도 없이" 시를 찾아 길을 나서고 있는 것이다. 이 시는 앞서 말한 바와 같이 탐사와 같은 개념의 시다. 탐사에는 목적지가 있겠지만 시의 탐사는 목적지도 이정표도 없다. 그래서 권 시인은 "행선지도 없이 / 정처도 없이" 시를 찾아서 길을 떠나고 있는 것이다. 시에 관한 시 두 편을 더 읽어보자

③
잔뜩
기대를 갖고 가까이 다가간다

감동 명시(名詩) 앞에서는
초라하게 주눅 들고
보통 쓴 시 앞에서는
역시 그 정도군
졸작시를 볼 땐 난
천부적 시인 같은 착각 들다니

아서라!
감동적인 명시 앞에서는
쥐구멍 찾듯 겸손한 탐구자 되고
보통시 앞에서는
늘 보는 원만한 시로구나

졸작 시 앞에서는
어쩌면 내 모습 같아서 위로 받으며
위로자의 심정으로
중보기도 지원하여라

그리하여 함께 가는 시인 반려자(伴侶者)되어라

– 「시(詩)를 읽은 후」 전문

④
또렷하게 귀로 다 듣고
분명하게 눈으로 다 보았다

얼토당토 아니한 언사
눈에 맞지 않는 색안경의 편견으로
눈에 있는 들보를 못 보고
남의 티를 지적하는 갑질(甲抶)에
연륜의 배경이 든든하다

신앙 지식 연륜으로도
연마(硏磨)되지 못하고
거칠고 거슬리는 혈기 찬 생(生) 성대로
남을 인정하지 못하고
아집의 발언으로 보인 추태는
존경과 은혜의 과거와는 거리가 멀었다

일출(日出)과 일몰(日沒)이
흡사한 것은 붉은 하늘색뿐

낙조(落照)를 일출로 착각하고
퇴역(退役)의 현실을
호령하고 군림하던 현역(現役)으로 착각한 것이
노망(老妄)이 아니길 바랄 뿐이다

– 「시로도 담을 수 있다」 전문

예재시 ③ 「시(詩)를 읽은 후」에서 보여주는 그의 시에 대한 관심은 과히 폭발적이다. 이 시에서 보면 그는 늘 시집을 일고 있다. 그래서 “감동 명시(名詩) 앞에서는 / 초라하게 주눅 들고 / 보통 쓴 시 앞에서는 / 역시 그 정도군”라고 생각한다. 그리고 “졸작시를 볼 땐 난 / 천부적 시인 같은 착각 들다니”라며 스스로가 천부적인 시인이 아닐까 하는 생각을 해본다. 나는 그 부분에 동의한다. 그가 천부적인 시인이 아니었다면 불과 1넌만에 이렇게 시를 잘 쓸 수 있을까 반문해보는 것이다. 예재시 ④ 「시로도 담을 수 있다」는 내가 왜 그의 시집 작품해설의 제목을 “하나님 사역 도구로서의 시학(詩學)”이라 뽑았는지에 대하여 잘 설명해주는 시다. 이 시에는 그의 심리상태가 잘 나타나 있다. 권성묵 시인은 일출과 일몰이 서로 하늘 색깔이 비슷하여 현역으로 착각할 수 있겠다고 말하고 있다. 직업전선에서는 현역과 퇴역이 있을 수 있겠지만 하나님의 전도사역이나 시업(詩業)에서는 현역과 퇴역이 없다. 나는 자주 까불고 웃긴다. 이제 좀 점잖아질 때가 되었느냐고 말하는 사람에게 나는 죽으면 저절로 얌전해질 것이니 죽을 때까지 까불다 죽겠다고 말한다. 이생진 시인이 그의 시 「그리운 바다 성산포」에서 "바다가 까불었다. 덩달아 나도 까불었다"라고 하신 것처럼 인간은 하나님 앞에서 까불고 아양 떠는 존재다. 그러니 이제 시를 써서라도 하나님한테 잘 보일 수밖에 없는 노릇이 아닌가?

다듬은 정원이 아니라 길가 빈터
힘 모아 살자고 군락을 이루었네

학명(學名) 플란타고(plantago)는
밟힘이라는 뜻이라고
세상에 그렇게 편향된 이름도 다 있나니

소달구지 지나간 길가가
최고의 서식 환경 조건이라고 하듯이
밟힘이 일상인 듯 애처롭게 견디네

우겨쌈을 당하고
답답한 일을 당하고
박해를 당하고
거꾸러뜨림을 당한
그리스도인들과 뭐가 다를까

장마 때가 웨딩시즌이 된 것은
사람의 발이 뜸한

틈새 계절이어서
꽃 피우고 열매 맺는단다

그런 인고(忍苦)의 질경이를
무심코 밟았다
오늘 차에서 내리는 주차장에서

- 「질경이」 전문

질경이는 모진 인생을 헤치고 일어선 사람의 대명사다. 어릴 적 모내기하는 날이면 어머니는 논으로 가는 길에 난 질경이를 베어 기름에 볶아 반찬으로 내셨던 생각이 난다. 질경이는 참으로 유용한 식물이다. 민간요법에서는 만병통치약으로 불리는 질경이는 무병 장수의식물이며, 각종 질병을 막아주는 매우 훌륭한 식물이다. 특히 암세포의 진행을 억제하는데 탁월한 효능을 보이는 것으로 알려져 있으며, 질경이 씨에는 간을 튼튼하게 하는 성분이 있다고 한다. 여성들의 냉·대하에도 좋은 성분으로 알려져 있으며 기침과 가래에도 효능을 보이며 콜레스테롤저하, 고혈압, 만성위염, 시력회복 등에 효과가 있는 것으로 보고되었다. 질경이를 오래 복용하면 몸이 가벼워져 능히 산을 뛰어오를 수 있다고 한다. '질경이'라는 이름은 '질기다'에서 따왔다. 사람들은 동식물이 사람에 이롭거나 가깝게 느껴질 때 '이'라는 사람의 명칭을 붙인다. 담쟁이는 담을 올라가는 이라는 뜻이니 질경이는 특별한 대접을 받는 느낌이 든다. 그만큼 사람한테 유용하다는 뜻도 된다. 질경이의 ‘질’은 길의 사투리이다. 길에 나는 ‘경’인 셈인데, ‘경’이란 ‘줄기’란 뜻으로 쓰이거나 ‘질기다’라는 뜻이니 질경이라는 이름에서 ‘질’이 질기다는 뜻이 아니라 ‘경’이 질기다는 뜻을 내포하고 있다고 하겠다. 권성묵 시인은 평생 목회를 해오면서 얼마나 난관이 많았을까 추측해 본다. 교회를 개척하고 이사를 다니며 성전을 세울 때 그 난관을 헤치고 나온 일은 과히 질경이 같은 삶을 살았다고 할 수 있을 것 같다. 질경이 같은 인생을 사시다가 무사히 자연인으로 돌아와 질경이가 된 권성묵 시인께 무한한 박수를 보내드린다.

호박 순(筍)은 호박의 방향이고
호박 순(筍)은 호박의 꿈이고

순을 따라 담장에 올라가고
순을 따라 지붕에 올라가고
순을 따라 밭으로 펼쳐가고
순을 따라 밭두렁으로 나아가고
순을 따라 나무 위로 올라간다

호박순은 호박의 성장점(成長點)
호박덩굴은 순을 놓아주면 뻗어간다
호박덩굴은 순을 열어주면 자라난다

덩굴손은 때에 맞춰서 놓아주어야 하고

덩굴손이 잘려지면 방향도 성장도 없다

알고 보니
자녀교육도 호박순(筍) 놓기인 듯

- 「호박순 놓기」 전문

호박은 우리 밥상에서 없어서는 안 될 중요한 식재료다. 특히 된장찌개나 칼국수에서 호박을 뺀다는 것은 상상하기 힘들다. 호박 특유의 냄새는 된장을 만나 구수함을 더하고, 칼국수를 만나 시원함을 우려낸다. 호박은 우리 민족의 삶에서도 빠질 수 없는 소재였다. 흥부놀부전에서 놀부는 "길가에 구덩이파기, 지나가는 장님 옷에 똥칠하기, 제비 다리 부러뜨리기, 밥 짓는데 흙 뿌리기, 패는 곡식 모가지 뽑기, 우물에 똥 누기" 등 갖은 악행을 저지르는데 그중에 "호박에 말뚝박기"는 악행이라기보다 장난이라 봐야 할 것 같다. 호박에 관한 시가 참 많다. 민현숙의 「늙은 호박」, 홍우희의 호「박넝쿨」, 이문희의 「호박덩굴」, 안도현의 「호박꽃」, 서효석의 「나팔꽃과 호박꽃」, 조동천의 「호박꽃」, 김미희 「호박이 되는 날」, 고은의 「호박꽃」, 함민복의 「호박」, 마경덕의 「호박꽃 기도문」 등 수없이 많다. 그 중에 마경덕의 호박꽃 기도문은 "은하수아파트 104호 하늘이네 / 공터 호박밭, 호박꽃 기도원 / 소문을 듣고 몰려든 벌떼 성도들 / 말 잘하는 말벌집사 상냥한 꿀벌권사가 안내를 맡아, 모처럼 / 햇볕도 쨍 / 기도하기 좋겠다"라며 호박 밭을 기도원으로 설정하고 벌떼를 성도들로 의인화하여 햇볕 쨍 난 날 "기도하기 좋겠다"며 너스레를 떤다. 이에 반하여 권성묵 시인은 세상일은 무릇 호박순 놓기라며 시작을 잘 해야 나중이 좋음을 강조한다. 호박순을 동쪽으로 놓으면 동쪽으로 자라고, 나뭇가지에 놓으면 나무로 올라가며, 지붕에 호박순을 놓으면 지붕으로 올라가는 것이라 말한다. 그러나 호박에 줄긋는다고 수박되느냐는 말은 호박을 비하하는 말이다. 호박은 추호도 수박이 되고 싶지 않다. 못생긴 사람을 호박이라 말하고 못생긴 여자를 호박꽃도 꽃이냐 무시하지만 그런 말은 삼가야 한다. 호박은 우리의 문학작품에도 무수히 등장한다. 호박은 진실, 성실의 대표성을 가지는 식물일 뿐만 아니라 노력의 대가라는 상징적인 의미를 가지고 있다. " 녀 교육도 호박순 놓기인 듯"이라는 권 시인의 말에 전적으로 공감을 한다.

아주 오랜 옛날
혼돈 공허 흑암의 캔버스(canvas)에
대작을 그리시고 만드시고
채색하신 감각
신비의 붓을 잡고 신비의 끌로

멘토도 없이 화법(畵法)이 탁월하고
화방도 없이 없음을 재료로
화실(畵室)도 없이 작업을 하셨네요

무슨 칼로 빛과 어둠을 가르시고
무슨 도구로 뭍과 물을 가르시고

큰 광명으로 낮을
작은 광명으로 밤을
주관하게 하셨네

종류대로
열매 맺는 화초를 만드시고
종류대로 생물들을 만드시고
자신의 형상대로
예술가의 인자(因子)를 심어
사람을 만드시고 다 위임하신
그분은 창조주이십니다.

작품을 마칠 때마다
"보시기에 좋았더라"
스스로 극찬하시고 만족해하신 분

예술은 자연의 모방이라는
어느 철학자의 말처럼
자연은 예술의 원본
작업하신 그분은 예술가의 원조

- 「그분은 예술가이십니다」 전문

얼마 전 지인에게서 나태주 시인의 강의 이야기를

전해 들었다. 그 지인의 교회에서 나태주 시인을 초빙하여 강연회를 열었는데, 그 교회 목사님이 말하길 "하나님은 아마도 시인이셨을 것이다."라고 말했는데 나태주 시인은 그 자리에서 "아니 그런 말씀을 그렇게 함부로 하시면 어떻게 합니까?"라며 정색을 하면서 화를 내 사람들을 어리둥절하게 만들더니 "목사님, 그 말씀을 제가 가져다 쓰겠습니다."라고 해서 폭소를 자아내게 했다고 한다. 나태주 시인의 말처럼 하나님은 선천적인 시인이었을 것 같다. 하나님께서 천지를 창조하실 때 모두 다르게 창조하시며 "작품을 마칠 때마다 '보시기에 좋았더라' 스스로 극찬하시고 만족해하신" 하나님! 사람을 짓고, 나무를 짓고, 풀꽃을 짓고, 새를 짓고, 물고기를 짓고, 동물을 짓고, 돌을 짓는 등 하나하나 지으실 때마다 얼마나 행복하셨을까? 그 무엇으로도 설명할 수 없는 하나님의 예술성! 권성묵 시인의 말씀처럼 그분은 예술가이시다. 그분보다 빼어난 화가는 본 일이 없고, 그분보다 빼어난 조각가는 본 일이 없다. 그분보다 빼어난 음악가는 본 일이 없고, 그분보다 빼어난 시인은 일찍이 보지 못했다. 권성묵 목사님의 말씀처럼 하나님은 빼어난 예술가이시다.

믿음이란 나를 의심하는 것
믿음이란 나를 실망하는 것
믿음이란 나를 포기하는 것
믿음이란 보이지 않은 것을 봤다는 것
믿음이란 받지 않은 것을 받았다는 것

믿음이란 듣지 않은 것을 들었다는 것
믿음이란 내 존재를 부인하는 것
믿음이란 하나님만 할 수 있다는 것
믿음이란 하나님을 상석에 모시는 것
믿음이란 하나님께 청구서를 올리는 것
믿음이란 하나님께 책임을 전가시키는 것
믿음이란 하나님 팔에 기대는 것
믿음이란 내 모든 짐을 지우는 것
믿음이란 하나님만 사랑하는 것

- 「믿음」 전문

나는 그동안 나의 믿음을 의심했다. 솔직히 말하면 흔들렸다. 과연 믿으면 무엇이 좋을까, 무엇이 행복할까? 그러나 그것은 믿지 못하는 사람들의 말이다. 의심하는 사람들의 말이다. 권성묵 시인은 그런 사람들에게 믿는 방법을 구체적이고 현실적이며 알기 쉽게 정리해 준다. 믿음이란 나의 판단을 의심하고 하나님의 판단되로 사는 것이다. 믿음이란 나를 포기하고 하나님 뜻대로 사는 것이다. 믿음이란 보이지 않은 하나님을 보고 사는 것이다. 믿음이란 받지 않은 것 같은 하나님 사랑을 받았다고 확신하는 것이다. 따라서 믿음이란 미미한 내 존재를 부인하면서 하나님 뜻대로 쓰시라고 내맡기는 것이다. 왜냐하면 믿음이란 하나님만 할 수 있다는 것를 확신하는 것이며 그리하여 믿음이란 하나님을 상석에 모시고, 믿음이란 하나님께 나에게도 특별한 사랑을 주시옵소서 청구서를 올리는 것이다. 때문에 믿음이란 하나님께 '당신이 그렇게 하시지 않았습니까, 모두 당신의 책임입니다'라며 책임을 전가시키는 것이다. 그렇게 살다 보면 하나님 팔에 기대고 살게 되며 하나님께 내 모든 짐을 지워드려서 오직 하나님만 사랑하게 되는 것이라 권성묵 목사님은 70년이 넘는 믿음생활에서 얻은 것을 이 시집을 읽는 독자에게만 비밀스럽게 귓속말로 알려주는 것이다.

이상에서처럼 권성묵 시인의 시 9편을 읽어보면서 권성묵 시인의 시세계를 여행해보았다. 권성묵 시인의 시는 처음부터 끝까지 전도와 하나님의 증거를 바탕으로 쓰여졌다. 그렇지만 군데군데 숨겨진 시적 장치, 즉 열거, 은유, 함축, 반복, 인유 등의 기법이 시를 체계적으로 공부하고 있는 사람으로 보였다. 많은 목사님들이 시를 쓴다며 시적 장치를 모르는 채 맹목적인 찬양만을 강조함으로써 문학적인 가치를 떨어뜨린데 반하여 권성묵 시인의 시는 퇴고와 아이디어를 겸비한 시들로써 독자에게 신선함을 환기시킨다. 시는 개척자의 정신으로 써야 하는데, 권 시인은 별을 탐사하는 마음으로 시를 쓰고 있어서 신상품의 옷을 입은 듯 상쾌하다. 권성묵 시인의 시는 뼛속까지 믿음으로 일관된 하나님 자녀의 시임으로 목회자의 사명, 사역자의 사명이 곳곳에 숨겨져 있다. 그는 은퇴목사다. 그렇지만 시인은 나이가 많다고 불합격도 없으며 은퇴도 없다. 시인은 하나님과 동격이다. 직업에는 여러 가지 호칭이 붙는다. 변호사,

의사, 교사, 공인회계사 등은 남의 일을 통해 먹고 사는 직업이다. 소설가, 수필가, 자유기고가 등의 작가는 비교적 돈을 잘 버는 사람이다. 그런데 시인이 되었다거나 시를 쓴다고 말하면 흔히 밥 먹고 살기 어렵겠구나 판단한다. 시인은 밥 먹고 사는 일에 급급하는 사람이 아니다. 인(人)자가 붙은 사람은 매우 극소수다. 성인, 철인, 시인이 그것이다. 그것은 하나님의 사역을 하는 목사란 직업이 그러하듯 인간의 미래와 정체성에 대하여 고뇌하고 노래하는 사람이다. 그러니 목사님이 시인이 되는 것은 자연스러운 일이며 그의 공격적인 시쓰기와 시작활동은 시의 부흥회 같은 것이다. 활화선처럼 불타오르는 권성묵 시인의 시심에 박수를 보내며 두 번째 시집 상재를 축하드린다.

이 도서의 국립중앙도서관 출판예정도서목록(CIP)은 서지정보유통지원시스템 홈페이지(http://seoji.nl.go.kr)와 국가자료종합목록 구축시스템(http://kolis-net.nl.go.kr)에서 이용하실 수 있습니다.

(CIP제어번호 : CIP2020034510)

권성묵 제2시집

그분은 예술가이십니다

초판인쇄일 2020년 8월 18일
초판발행일 2020년 8월 25일

지은이 : 권성묵
발행인 : 김순진
편집장 : 전하라
디자인 : 김초롱
펴낸곳 : 스토리 문학
등 록 : 2004년 3월 9일 제6-706호
주 소 : 우편번호 03382 서울 은평구 통일로 633
녹번오피스텔 501호 스토리문학사
전 화 : 02-2234-1666
팩 스 : 02-2236-1666
홈페이지 : http://cafe.daum.net/yob51
이메일 : 4615562@hanmail.net